**O DIREITO DO TRABALHO LÍQUIDO**
O NEGOCIADO SOBRE O LEGISLADO,
A TERCEIRIZAÇÃO E O CONTRATO
DE CURTO PRAZO NA SOCIEDADE DA
MODERNIDADE LÍQUIDA

**Jorge Pinheiro Castelo**

Advogado, especialista (pós-graduação), mestre, doutor e livre docente pela Faculdade de Direito da Universidade São Paulo. É o autor dos livros: "O Direito Processual do Trabalho na Moderna Teoria Geral do Processo"; "Tutela Antecipada na Teoria Geral do Processo", "Tutela Antecipada no Processo do Trabalho" e "O Direito Material e Processual do Trabalho e a Pós--Modernidade: A CLT, o CDC e as repercussões do novo Código Civil", "Tratado de Direito Processual do Trabalho na Teoria Geral do Processo", todos publicados pela Editora LTr.

# O DIREITO DO TRABALHO LÍQUIDO
## O NEGOCIADO SOBRE O LEGISLADO, A TERCEIRIZAÇÃO E O CONTRATO DE CURTO PRAZO NA SOCIEDADE DA MODERNIDADE LÍQUIDA

**EDITORA LTDA.**

© Todos os direitos reservados

Rua Jaguaribe, 571
CEP 01224-003
São Paulo, SP — Brasil
Fone (11) 2167-1101
www.ltr.com.br
Outubro, 2017

Versão impressa — LTr 5872.8 — ISBN 978-85-361-9396-0
Versão digital   — LTr 9242.1 — ISBN 978-85-361-9423-3

Dados Internacionais de Catalogação na Publicação (CIP)
(Câmara Brasileira do Livro, SP, Brasil)

Castelo, Jorge Pinheiro
    O direito do trabalho líquido : o negociado sobre o legislado, a terceirização e o contrato de curto prazo na sociedade da modernidade líquida / Jorge Pinheiro Castelo. — São Paulo : LTr, 2017.

    Bibliografia.

    1. Contratos de trabalho 2. Direito do trabalho 3. Terceirização I. Título.

17-07935                                                                                                          CDU-34:331

Índice para catálogo sistemático:

    1. Direito do trabalho     34:331

Dedico este livro aos meus filhos, Lara e Fernando, por meio dos quais vislumbro a pós modernidade e aos meus pais (Cláudio e Feli) que foram o chão sólido através do qual pude caminhar.

# SUMÁRIO

INTRODUÇÃO..................................................................................................15

**PARTE 1**
**A ORIGEM E OS FUNDAMENTOS HISTÓRICOS-FILOSÓFICOS-POLÍTICOS DO DIREITO DO TRABALHO (DAS LEIS TRABALHISTAS) COMO DIREITO DE INCLUSÃO SOCIAL E EMANCIPAÇÃO SOCIAL**..................................................17

I. O 1º compromisso histórico da (pós) modernidade sólida e do capitalismo pesado: a democracia moderna e as leis trabalhistas..................................................17

II. O 2º compromisso histórico da entrada da (pós) modernidade sólida e do capitalismo pesado: o Estado do bem-estar social ..........................................................18

III. Da inclusão social, da emancipação social e o direito do trabalho como parte integrante dos direitos humanos fundamentais ..........................................................18

IV. Conclusão sobre a origem e fundamentos históricos-filosóficos-políticos do direito do trabalho (das leis trabalhistas) como direito de inclusão social e emancipação social, ou seja, como parte integrante da categoria dos direitos humanos fundamentais e como estatuto de defesa da democracia na pós-modernidade......................18

**PARTE 2**
**COMPROMISSO HISTÓRICO-ECONÔMICO CONTIDO NA RACIONALIDADE DO TRABALHO DA (PÓS) MODERNIDADE SÓLIDA E DO CAPITALISMO PESADO**..........................................................................................................20

I. Fordismo, taylorismo e modelo de industrialização, acumulação e regulação.....20

II. O compromisso de longo prazo como método de trabalho e progresso no capitalismo sólido ..................................................................................................20

III. Dependência mútua, rotina e espaço fabril de demandas.................................21

IV. O face a face no capitalismo pesado ................................................................21

V. Capitalismo social .............................................................................................22

**PARTE 3**
**O DESCOMPROMISSO POLÍTICO = O CAPITAL LIBERTADO NA (PÓS) MODERNIDADE LÍQUIDA, NO CAPITALISMO LÍQUIDO E NO DIREITO DO TRABALHO LÍQUIDO**.........................................................................................................23

I. O rompimento dos compromissos históricos na (pós) modernidade líquida a partir da transferência de poder para o capital financeiro em face da revolução tecnológica e a ausência de outro concorrente social diante da decorrocada do comunismo ......23

    1. A assunção do poder do capital financeiro/acionário ..................................23

    2. O capital impaciente ....................................................................................24

    3. A revolução tecnológica................................................................................24

II. O descompromisso ............................................................................................25

## PARTE 4
### O CAPITALISMO LÍQUIDO NA MODERNIDADE LÍQUIDA ...........................26
I. A exclusividade do princípio do mercado e a neutralização do movimento socialista e do ativismo operário ..................................................................................26
II. A globalização da economia ............................................................................26
III. O hiperliberalismo na (pós) modernidade líquida e o direito do trabalho líquido ......................................................................................................................27

## PARTE 5
### CAPITALISMO LÍQUIDO – O TEMPO INSTANTÂNEO – A HIPERINDIVIDUALIZAÇÃO DA EXISTÊNCIA HUMANA .................................................................28
I. A importância do consumidor e a desimportância do trabalhador na sociedade de consumo (do espetáculo e do entretenimento) e não mais sociedade de produção/produtores ...............................................................................................................28
II. Busca dos fins (e não dos meios para atingir determinado fim), a hiperindividualização e suas consequências coletivamente (e para a cidadania) .......................29
III. O tempo instantâneo na (pós) modernidade líquida, no capitalismo líquido, no direito do trabalho líquido e a questão da existência humana ..............................30

## PARTE 6
### O DESCOMPROMISSO COM O LONGO PRAZO COMO MÉTODO DE TRABALHO E RIQUEZA NA MODERNIDADE LÍQUIDA E NO CAPITALISMO LÍQUIDO E NO DIREITO DO TRABALHO LÍQUIDO: ........................................................31
I. Ainda da libertação do capital ...........................................................................31
II. O curto prazo – da desregulação do trabalho – a poderosa força hiperindividualizadora e a inadequação da ação sindical tendo como resultado o direito do trabalho líquido .....................................................................................................................32
III. O curto prazo – flexibilidade – da desregulação do trabalho – do trabalho temporário – do trabalho terceirizado – do direito do trabalho líquido ............................33
IV. A libertação do capital frente ao trabalho na (pós) modernidade líquida e no capitalismo líquido – da desregulação patrocinada pelo governo ................................34

## PARTE 7
### ARQUITETURA INSTITUCIONAL NA (PÓS) MODERNIDADE E NO CAPITALISMO LÍQUIDO E DO DIREITO DO TRABALHO LÍQUIDO .........................35
I. Forma de trabalho pautada em tarefas específicas e não em funções e sequenciamento não linear ....................................................................................................35
II. Dessedimentação institucional ........................................................................35
III. Casualização ....................................................................................................36

IV. Ênfase em tarefas imediatas .................................................................... 36

## PARTE 8
TERCEIRIZAÇÃO NA (PÓS) MODERNIDADE LÍQUIDA E HIPERLIBERAL, E O ESVAZIAMENTO DA IDENTIDADE E DO COMPROMISSSO COMO CONSEQUÊNCIA DO DIREITO DO TRABALHO LÍQUIDO E DESCOMPROMISSADO ........................................................................................................ 37

I. Das assimetrias das informações econômicas ............................................ 37

II. A reengenharia e a terceirização .............................................................. 37

III. O gerencial da "lipoaspiração do trabalho humano" na (pós) modernidade líquida, no capitalismo líquido e no direito do trabalho líquido ...................... 38

IV. Déficits econômicos produzidos pela terceirização na (pós) modernidade e no capitalismo líquido e hiperliberal e pelo direito do trabalho líquido (o esvaziamento da identidade e do compromisso) ................................................................ 39

## PARTE 9
MODELO SINDICAL, TRABALHO LIBERAL, SERVIÇOS, TECNOLOGIA, GLOBALIZAÇÃO, ESVAZIAMENTO DA PLANTA INDUSTRIAL NA PÓS-MODERNIDADE LÍQUIDA E A INADEQUAÇÃO DO MODELO SINDICAL ................ 40

I. Síntese das estruturas econômicas da pós-modernidade líquida e a proposta do direito laboral líquido e a sua incapacidade de defesa de direitos com a prevalência do negociado sobre o legislado ......................................................................... 40

II. Do trabalho temporário – do trabalho terceirizado – da poderosa força hiperindividualizadora e a inadequação da ação sindical ............................................ 42

III. A inadequação do modelo sindical por ramo de atividade ou por empresa e o "pulo no abismo" dos direitos na opção do modelo do negociado a prevalecer sobre o legislado .......................................................................................................... 42

## PARTE 10
DO FUTURO RETORNO DO PÊNDULO DO PARADIGMA DE PENSAMENTO DO CAPITALISMO LÍQUIDO E DO DIREITO DO TRABALHO LÍQUIDO EM FACE DOS RESULTADOS SOCIAIS E ECONÔMICOS ........................................... 43

I. Custos econômicos futuros ........................................................................... 43

II. Custos sociais: premiação e concorrência interna e altos níveis de ansiedade, vigilância panóptica tecnológica – "o tudo ou nada" ............................................ 43

III. A desigualdade e a ausência de responsabilidade pelas decisões ............... 44

IV. Ausência de responsabilidade ................................................................... 45

V. Déficits sociais e impacto no negócio .......................................................... 45

    1. Os três déficits sociais ............................................................................ 45

    2. O fim da lealdade instituicional e a contradição do compliance ............. 45

    3. O ciclo do negócio, as horas extras e a ausência de compromisso recíproco ..... 46

4. A questão da saúde .....46
5. A diminuição da confiança informal .....46
6. Debilitação do conhecimento institucional .....47
7. Conflito institucional .....47

## PARTE 11
## DESCOMPROMISSO COM O PRECEITO FUNDAMENTAL QUE FUNDOU A SOCIEDADE MODERNA: ADIAMENTO DA SATISFAÇÃO .....48

I. Do fim da ética do trabalho no direito do trabalho líquido e na pós-modernidade líquida – no capitalismo leve/líquido .....48

II. O fim do adiamento da satisfação – na pós-modernidade líquida, no capitalismo líquido e no direito do trabalho líquido – não há mais o longo prazo .....49

## PARTE 12
## LAÇOS HUMANOS NA SOCIEDADE DA PÓS-MODERNIDADE LÍQUIDA E NO DIREITO DO TRABALHO LÍQUIDO/FLUÍDO E DESCOMPROMISSADO .....51

I. As consequências da precariedade dos laços humanos .....51

## PARTE 13
## A PROPOSTA DO DIREITO DO TRABALHO LÍQUIDO E DESCOMPROMISSADO DERIVADO DA (PÓS) MODERNIDADE E DO CAPITALISMO LÍQUIDO, DO HIPERLIBERALISMO E DO HIPERINDIVIDUALISMO .....54

I. A corrosão do caráter e do bem comum na sociedade da pós-modernidade líquida, do capitalismo líquido, do hiperliberalismo e do direito do trabalho líquido (e descompromissado). .....55

II. Flexibilidade .....55

III. Da ausência de confiança, lealdade e compromisso mútuo .....56

IV. Ausência da rotina como fio da narrativa da vida pessoal .....57

V. Reengenharia e reinvenção descontínua das instituições e redução de empregos .....58

VI. Autonomia, concentração e controle oculto .....59

  1. Concentração sem centralização .....59

  2. Flexitempo: trabalho intermitente, teletrabalho, home-office .....60

  3. A desorganização do tempo e a corrosão do caráter na nova ética do direito do trabalho líquido e descompromissado .....61

  4. A prática coletiva da superficialidade .....62

  5. O direito do trabalho líquido e descompromissado, irônico e cínico .....63

VII. Da superficialidade e da depressão e da dominação derivadas do direito do trabalho líquido .....63

VIII. Ausência de longo prazo e da ética do adiamento da satisfação em troca da futura gratificação.................................................................................................64

IX. A corrosão do caráter na sociedade da pós-modernidade líquida, do capitalismo líquido e hiperliberal e no direito do trabalho líquido e descompromissado............65

## PARTE 14
## O DIREITO DO TRABALHO LÍQUIDO: INDIVIDUALIZADO, DESREGULADO E PRIVATIZADO E DA PERDA DE SIGNIFICADO DE VALOR CONTIDO NO TRABALHO...........................................................................................................66

I. O progresso individualizado – desregulado e privatizado........................................66

II. O trabalho mudou de caráter – a perda de significado de valor contido no trabalho ......................................................................................................................66

## PARTE 15
## O FANTASMA DA INUTILIDADE NO CAPITALISMO LÍQUIDO DA MODERNIDADE LÍQUIDA E DO DIREITO DO TRABALHO LÍQUIDO............68

I. Pessoas inúteis e a perda do significado da existência humana no direito do trabalho líquido........................................................................................................68

II. Fenômenos e forças que carregam o fantasma da inutilidade da existência das pessoas ....................................................................................................................68

III. Oferta global de mão de obra barata e qualificada..............................................69

IV. Automação .........................................................................................................69

V. O envelhecimento das pessoas ............................................................................70

## PARTE 16
## O REEXAME DO SURGIMENTO DO DIREITO DO TRABALHO COMO DIREITO EMANCIPATÓRIO E CIVILIZATÓRIO E DE GARANTIA DA DEMOCRACIA, EM FACE DO PRINCÍPIO DO MERCADO DIANTE DA PROPOSTA DO DIREITO DO TRABALHO LÍQUIDO, DA PREVALÊNCIA DO NEGOCIADO SOBRE O LEGISLADO E MESMO DO HIPERINDIVIDUALISMO.................................................71

I. O direito no espaço da produção ..........................................................................71

II. O direito no espaço da cidadania........................................................................71

III. O direito do trabalho: rearranjo emancipatório a partir do espaço da cidadania ................................................................................................................72

IV. Direito de interesse social e ordem pública por não prescindir de uma base social ética na medida que tem como objeto o próprio homem ........................................72

V. O triunfo da reforma sobre a revolução: o capitalismo social ...........................73

VI. Direitos emancipatórios em face do princípio do mercado...............................74

## PARTE 17
**O COMPROMISSO COM O TRABALHO BEM FEITO (COM A PERÍCIA) INEXISTENTE NA LÓGICA DO CAPITALISMO LÍQUIDO, DO DIREITO DO TRABALHO LÍQUIDO E DA (PÓS) MODERNIDADE LÍQUIDA** ...75

I. A perda da utilidade da perícia e da aptidão e do pensamento profundo no direito do trabalho líquido e no capitalismo líquido da (pós) modernidade líquida ...75

II. Direito do trabalho e garantia de uma narrativa de vida — a perda do fio da narrativa da vida no direito do trabalho líquido ...76

III. O fim do crédito e as consequências para o comércio, indústria, construção civil e bancos ...77

## PARTE 18
**A CONTRAPROPOSTA DE RESPOSTA AO DIREITO DO TRABALHO LÍQUIDO E AO CAPITALISMO LÍQUIDO DA (PÓS) MODERNIDADE LÍQUIDA** ...79

I. Devemos caminhar todos juntos ...79

## PARTE 19
**OS FUNDAMENTOS DE NATUREZA JURÍDICO-FILOSÓFICA PARA CONFIGURAÇÃO DE DIREITO DE INTERESSE SOCIAL E ORDEM PÚBLICA POR NÃO PRESCINDIR DE UMA BASE SOCIAL ÉTICA NA MEDIDA QUE TEM COMO OBJETO O PRÓPRIO HOMEM** ...82

## 1ª CONCLUSÃO GERAL
**O DIREITO DO TRABALHO DO SÉCULO NOVO, DA (PÓS) MODERNIDADE LÍQUIDA E DO CAPITALISMO LÍQUIDO: DIREITO COMPROMISSADO COM A EMANCIPAÇÃO SOCIAL E COM A GARANTIA DE UMA NARRATIVA DE VIDA** ...84

I. Emancipação social: distribuição e capacitação ...84

II. Direito do trabalho e emancipação social em face do mercado ...84

III. Mercado e nação ...85

IV. A função do direito do trabalho (e da justiça do trabalho) na pós-modernidade líquida e no capitalismo líquido: continua como paradigma disfuncional além do tempo e como direito da pós-modernidade a garantir a proteção do ser humano ...86

## 2ª CONCLUSÃO GERAL
**O TERCEIRO E NOVO COMPROMISSO HISTÓRICO ENTRE CAPITAL E O SER HUMANO NA PÓS-MODERNIDADE LÍQUIDA QUE PERMITA QUE OS HOMENS NÃO SE ESQUEÇAM QUE TUDO DEPENDE DE COMO SÃO TRATADOS OS SERES HUMANOS** ...88

I. A boa resolução do conflito entre capital/economia e do direito do trabalho no capitalismo líquido da pós-modernidade líquida ...88

**REFERÊNCIAS BIBLIOGRÁFICAS** ...91

"Ser humano (...) consiste principalmente em ter relações com os outros seres humanos (...). Nós homens queremos ser humanos, e não ferramentas ou bichos. Também queremos ser tratados como humanos, pois essa história de humanidade depende em boa medida do que fazemos uns com os outros (...). Devemos manipular as coisas como coisas e tratar as pessoas como pessoas: desse modo as coisas nos ajudarão em muitos aspectos, e as pessoas em um aspecto fundamental, que nenhuma coisa pode suprir, o de sermos seres humanos." (SAVATER, Fernando. *Ética para meu filho*, São Paulo: Martins Fontes, 2000).

# INTRODUÇÃO

No momento em que se debate a respeito da superação da legislação trabalhista, particularmente contida na CLT, com apresentação de projeto e de lei de reforma radical da legislação laboral é fundamental entender o movimento derivado do fenômeno do capitalismo líquido em curso que exige um direito do trabalho líquido e sem compromissos de longo prazo.

A discussão em torno do modelo de regulação da vida laboral traz questões que envolvem o conflito entre a economia e o direito do trabalho.

Estabelece-se o conflito básico que a sociedade deve resolver, A boa resolução deste conflito é que nos levará à real emancipação nas relações do trabalho.

Os iniciais motivos inspiradores da proteção à pessoa do empregado decorreram da consciência da característica de subordinação do empregado.

Esta característica essencial – a subordinação e a vulnerabilidade jurídica, política e econômica -, numa sociedade em rede e num mundo globalizado, liderado por enormes bancos e fundos de investimentos e por gigantescas empresas que concentram cada vez maior poder - se acentua, impondo ao Direito do Trabalho a continuidade de sua tarefa e função política, jurídica e social de proteger o empregado a partir do contrato de trabalho e de garantir uma narrativa de vida pessoal com significado de utilidade e ética, ou seja, uma sociedade democrática, justa e sadia.

Os direitos trabalhistas surgiram a partir dos grandes compromissos históricos da modernidade e da entrada na pós-modernidade: o compromisso da democracia moderna e o compromisso do Estado do Investimento Social (ou da efetivação da inclusão social – inclusão no contrato social). [1]

Existem "aquisições ético-jurídicas irreversíveis da humanidade, ligadas, nomeadamente, a uma progressiva revelação da dignidade humana."[2]

É essencial que a modernização da sociedade seja feita à luz de critérios de emancipação social e não apenas de acordo com o parâmetro da rentabilidade do capitalismo líquido e hiperliberal e do seu sub-produto, o direito do trabalho líquido e descompromissado.

---

(1) Conferir também do autor, "Direito Material e Processual do Trabalho e a Pós Modernidade: A CLT, o CDC e as repercussões do novo Código Civil", publicado pela LTr.
(2) Ernest Block *apud* Hespanha, António M. Botelho, *Panorama histórico*, p. 239

Realmente, a justiça das soluções obtidas por acordo (pre)supõe – algo impossível e inexistente na pós-modernidade líquida [3] e no capitalismo líquido, ou seja - que as partes concertantes têm um idêntico poder negocial, que os pontos de vista de uma (*v. g.* dos consumidores e dos trabalhadores) não serão naturalmente esmagados pelos das outras (*v. g.*, das grandes empresas ou dos patrões).

A característica do sistema da liberdade contratual do direito do trabalho líquido e descompromissado torna-o excessivo como direito, torna-o demasiado despótico para ser vivido como direito.

Por isso, na pós-modernidade líquida, no capitalismo líquido e no seu sub-produto, o direito do trabalho líquido e descompromissado, a livre contratação das normas de conduta, a partir do âmbito das empresas prevalecendo sobre a lei (o negociado sobre o legislado) conduz a um férreo domínio dos mais fortes sobre os mais fracos.

Tudo somado, a verdade é que os direitos trabalhistas garantem emancipação social em face do mercado. Logo, são garantidores da própria democracia ou da manutenção do Estado Democrático de Direito na pós-modernidade. São direitos integrantes do paradigma de pensamento da pós-modernidade. Assim, o direito do trabalho propicia também a inclusão social. E inclusão social nada mais é do que o sentido social da própria democracia substancial.

Por isso, a legislação trabalhista, até então representada no Brasil pela CLT significa(va) um estatuto legal de difícil superação vista pelo seu conjunto, porque representa o compromisso histórico garantidor do funcionamento da própria democracia moderna e pós-moderna, com um padrão mínimo civilizatório no jogo econômico aberto e global, conforme a seguir exposto.

---

(3) Modernidade Líquida: expressão cunhada por Zygmunt Bauman, no livro *Modernidade Líquida* da Editora Zahar, RJ, 2001.

# PARTE 1

# A ORIGEM E OS FUNDAMENTOS HISTÓRICOS-FILO-SÓFICOS-POLÍTICOS DO DIREITO DO TRABALHO (DAS LEIS TRABALHISTAS) COMO DIREITO DE INCLUSÃO SOCIAL E EMANCIPAÇÃO SOCIAL

## I. O 1º compromisso histórico da (pós) modernidade sólida e do capitalismo pesado: a democracia moderna e as leis trabalhistas

A partir dos finais do século XIX, ocorreu o alargamento do direito de voto, o surgimento dos sindicatos e a emergência de poderosos partidos operários, que entraram na cena política, até então ocupada pelos partidos oligárquicos e pelas organizações burguesas.[4]

Esse novo cenário político obrigou o Estado liberal ao reconhecimento político das externalidades sociais do desenvolvimento capitalista. Em outros termos, a politização da questão social.

Para resolver essa situação de antinomia com o projeto liberal, utilizou-se do espaço universal das exigências democráticas, ou seja, do espaço da cidadania para engendrar alterações no espaço da produção por um ângulo externo.[5]

As leis trabalhistas representam, assim, um ponto de viragem histórico na articulação entre o espaço da cidadania e o espaço da produção.[6]

No arranjo societal oriundo do primeiro compromisso histórico entre o poder econômico e os trabalhadores, do qual resultou o estabelecimento da Democracia Moderna, as Leis Trabalhistas legitimaram o Estado perante os trabalhadores enquanto cidadãos e, pelo mesmo processo, legitimaram a fábrica perante os trabalhadores enquanto classe de assalariados. Isto lançou as bases estruturais para o tipo de compromisso de classe que, mais tarde, foi conseguido de forma mais notável pela social-democracia nos países centrais.[7]

---

(4) HOBSBAWM, Eric. *A Era dos Impérios*. p. 126.
(5) SANTOS, Boaventura de Souza. *A Crítica da Razão Indolente contra o Desperdício da experiência*. São Paulo: Cortez, 2000. p. 315.
(6) HESPANHA, Antônio M. *Panorama Histórico da Cultura Jurídica Europeia*. Lisboa: Publicações Europa-América, 1997. p. 226.
(7) SANTOS, Boaventura de Souza. *A Crítica*, p. 318.

## II. O 2º compromisso histórico da entrada da (pós) modernidade sólida e do capitalismo pesado: o Estado do bem-estar social

A revolução russa, os partidos comunistas e as duas guerras mundiais forçaram um novo e segundo grande compromisso histórico entre os trabalhadores e a burguesia capitalista, de caráter pós-moderno, que foi a criação do Estado Democrático do Bem-Estar Social.

Com o Estado do Bem-Estar Social selou-se um ajuste de compromisso entre os trabalhadores e o Estado capitalista, no qual o reformismo triunfaria sobre a revolução, promovendo-se direitos a partir da intervenção estatal, ou seja, a partir do espaço da cidadania, que conciliavam os interesses das partes, garantindo e legitimando a sociedade de classes e o capitalismo, no quadro da democracia social.

O compromisso histórico que gerou o Estado do Bem-Estar Social passou, então, a funcionar como uma força mediadora entre o capitalismo e a democracia.

## III. Da inclusão social, da emancipação social e o direito do trabalho como parte integrante dos direitos humanos fundamentais

Os direitos trabalhistas, a partir dos dois grandes compromissos históricos, da modernidade e de entrada na pós-modernidade, foram retirados do mercado, pela sociedade civil, e levados ao espaço da cidadania, com características gerais e universais, ou seja, como direitos humanos fundamentais (particularmente, na sua dimensão de direitos socioeconômicos e não apenas na dimensão relacionada às liberdades civis e políticas dos direitos laborais).

## IV. Conclusão sobre a origem e fundamentos históricos-filosóficos-políticos do direito do trabalho (das leis trabalhistas) como direito de inclusão social e emancipação social, ou seja, como parte integrante da categoria dos direitos humanos fundamentais e como estatuto de defesa da democracia na pós-modernidade.

As leis trabalhistas representaram (e representam) a emancipação social em face do mercado obtida através do espaço democrático, do espaço da cidadania.

Com efeito, o direito do trabalho possibilita distribuição e capacitação aos trabalhadores, numa sociedade que não dominam, nem política e nem ideologicamente.

O direito do trabalho propicia, com isso, a inclusão social.

E inclusão social nada mais é do que o sentido social da própria democracia substancial, garantido pelo *caput* e incisos II, III e IV do art. 1º e incisos I, II, III e IV do art. 3º da CF e pelos princípios, normas e instituições fundamentais e balisadores do microssistema da legislação laboral – de ordem pública por estarem relacionados com a garantia do Estado Democrático de Direito.

Em tal situação, os direitos trabalhistas são condição do exercício da própria cidadania. Ou seja, são condição essencial para a existência do próprio Estado Democrático de Direito.

# PARTE 2

# COMPROMISSO HISTÓRICO-ECONÔMICO CONTIDO NA RACIONALIDADE DO TRABALHO DA (PÓS) MODERNIDADE SÓLIDA E DO CAPITALISMO PESADO

**I. Fordismo, taylorismo e modelo de industrialização, acumulação e regulação**

O fordismo foi um modelo de industrialização, de acumulação e regulação.

O modelo fordista era um paradigma sobre o qual se erigia toda uma visão de mundo sobreposta à totalidade da experiência humana.

A fábrica fordista – com a meticulosa separação entre projeto e execução, iniciativa e atendimento a comandos, liberdade e obediência, invenção e determinação, com estreito entrelaçamento dos opostos – foi sem dúvida a maior realização até hoje da engenharia social, orientada pela ordem. [8]

Naquele estágio de sua história conjunta, capital, administração e trabalho estavam, para o bem e para o mal, condenados a ficar juntos por muito tempo, talvez para sempre – amarrados pela combinação de fábricas enormes, maquinaria pesada e força de trabalho. [9]

**II. O compromisso de longo prazo como método de trabalho e progresso no capitalismo sólido**

A modernidade sólida era, de fato, também, o tempo do capitalismo pesado – do engajamento entre capital e trabalho tonificado pela mútua dependência.

Os trabalhadores dependiam do emprego para sua sobrevivência; o capital dependia de empregá-los para sua reprodução e crescimento.

---

(8) Bauman, Zygmunt. *Modernidade Líquida*. Rio de Janeiro: Zahar, 2001. p. 73/75.
(9) Bauman, p. 75/76.

O lugar de encontro tinha endereço certo e fixo; nenhum dos dois poderia mudar-se com facilidade para outra parte – a grande fábrica abrigava e mantinha os parceiros.[10]

### III. Dependência mútua, rotina e espaço fabril de demandas

A mentalidade de longo prazo constituía uma expectativa nascida da experiência, e da repetida corroboração dessa experiência: que os destinos das pessoas que compravam trabalho e das pessoas que o vendiam estavam inseparavelmente entrelaçados por muito tempo ainda – e que, portanto, a construção de um modo de convivência suportável correspondia aos interesses de todos. [11]

Enquanto se supôs que a companhia mútua duraria, as regras dessa união foram objeto de intensas negociações, até com grandes confrontações, outras com tréguas e concessões.

A empresa e a fábrica tinham, supreendentemente, se tornado uma arena em que os trabalhadores podiam afirmar suas próprias demandas, uma arena que dava poder.[12]

E, a rotinização do tempo mantinha o lugar como um todo compacto e sujeito a uma lógica homogênea. [13]

O capitalismo pesado foi a época das máquinas pesadas, dos muros de fábricas cada vez maiores guardando fábricas cada vez maiores, contando com equipes cada vez maiores. [14]

### IV. O face a face no capitalismo pesado

A fábrica fordista era o modelo da racionalidade planejada na modernidade pesada, era o lugar do encontro face a face entre capital e trabalho. [15]

O tempo rotinizado prendia o trabalhador ao solo, enquanto os prédios da fábrica, o maquinário pesado e o trabalho, permanentemente atado, acorrentavam o capital.

---

(10) Bauman, p. 182/183.
(11) Bauman, p. 184/185.
(12) Bauman, p. 184/185.
(13) Bauman, p. 146.
(14) Bauman, p. 184/185.
(15) Bauman, p. 184/185.

A própria intensidade e perpetuidade do conflito era a viva evidência do destino comum. [16]

## V. Capitalismo social

O Estado do Bem-Estar-Social está além da ideologia de esquerda e/ou da direita.

O Estado de Bem-Estar Social é um dispositivo destinado a atacar anomalias, garantindo um capitalismo social. [17]

---

(16) Bauman, p. 146/147.
(17) Bauman, p. 183/184.

PARTE 3

# O DESCOMPROMISSO POLÍTICO = O CAPITAL LIBERTADO NA (PÓS) MODERNIDADE LÍQUIDA, NO CAPITALISMO LÍQUIDO E NO DIREITO DO TRABALHO LÍQUIDO

**I. O rompimento dos compromissos históricos na (pós) modernidade líquida a partir da transferência de poder para o capital financeiro em face da revolução tecnológica e da ausência de outro concorrente social diante da decorrocada do comunismo**

**1. A assunção do poder do capital financeiro/acionário**

O primeiro fenômeno que levou à ruptura dos compromissos do capitalismo social foi a mudança do poder gerencial para o poder do capital financeiro e acionário.[18]

Os investidores assumiriam a posição central e de poder.[19]

Além disso, os bancos passaram a ocupar-se mais de fusões e aquisições, e, também, não tinham e nem têm qualquer interesse atrelado aos interesses do Estado-nação.

E o momento decisivo dessa ruptura ocorreu quando os fundos de pensão, controlando enormes quantidades de capital, entraram ativamente no "jogo" empresarial.

Por meio de sofisticados instrumentos financeiros como a chamada aquisição alavancada, os investidores estavam em condições de turbinar ou desmontar corporações inteiras sem qualquer preocupação com os compromissos sociais.[20]

---

(18) Sennett, Richard. *A cultura do novo capitalismo*. Rio de Janeiro: Record, 2006. p. 41/44.
(19) Sennett, p. 41/43.
(20) Sennett, p. 41/43.

## 2. O capital impaciente

O segundo fenômeno que levou à ruptura dos compromissos social e político derivados da era do capitalismo social foi a mudança no paradigma que decorreu do fato de que os investidores donos do novo poder empresarial queriam resultados a curto e não a longo prazo. [21]

Os investidores passaram a constituir o contingente do capital impaciente das empresas.

Os investidores avaliavam os resultados das empresas pelos preços das ações e não pela sua operacionalidade ou pelos dividendos corporativos.

A compra e venda de ações num mercado aberto e fluído dava maiores e mais rápidos resultados que o controle de estoques e de ações de longo prazo.

Os executivos para sobreviverem às pressões do capital impaciente tiveram que promover a reengenharia, reinventar-se continuamente, sob pena de serem, eles próprios, excluídos "do jogo" empresarial pelos acionistas e pelo mercado.[22]

## 3. A revolução tecnológica

O terceiro fenômeno que libertou o capital do trabalho decorreu das novas tecnologias de comunicação e manufatura.

A automação, outro aspecto da revolução tecnológica, teve uma consequência profunda na pirâmide burocrática: a base da instituição já não precisava ser grande.

Tanto no trabalho braçal, quanto no intelectual, as organizações podem já agora disseminar tarefas rotineiras de maneira eficiente, graças a inovações como os códigos de barra, as tecnologias de identificação da voz, os escaneadores de objetos tridimensionais e as micromáquinas que fazem o trabalho dos dedos.

A consequência dessa alta capacidade tecnológica é que a inclusão das massas – elemento social do capitalismo social e pesado – pode ser deixada para trás.

Com isso, uma das grandes consequências e ironias do modelo do paradigma de pensamento derivado do capitalismo líquido e do direito do trabalho líquido é que ele reinstituiu de forma mais aguda e intensa traumas sociais e emocionais, não mais como efeitos colaterais, mas, de algum modo, de forma, agora, institucionalizada.[23]

---

(21) Sennett, p. 43/44.
(22) Sennett, p. 43/44.
(23) Sennett, *A cultura,* p. 43/44.

## II. O descompromisso

Em seu estágio pesado, o capital estava tão fixado ao solo quanto os trabalhadores que empregava.

Atualmente, na era do capitalismo líquido, o capital líquido e fluído se libertou, e não está mais fixado ao solo ou à fábrica e nem aos trabalhadores, ele viaja leve – apenas com a bagagem de mão, que inclui nada mais que telefone celular e computador portátil. [24]

O trabalho, ao contrário, permanece tão imobilizado quanto no passado – e o lugar em que ele imaginava estar fixado perdeu sua solidez. [25]

---

[24] Bauman, *Modernidade Líquida*, p. 76/77.
[25] Bauman, *Modernidade Líquida*, p. 76/77.

# PARTE 4

# O CAPITALISMO LÍQUIDO NA MODERNIDADE LÍQUIDA

### I. A exclusividade do princípio do mercado e a neutralização do movimento socialista e do ativismo operário

As transformações têm sido tão vastas que é legítimo falar-se de um novo período: o período do capitalismo líquido, fluído, leve ou desorganizado.

A expressão capitalismo desorganizado ou leve tem duplo sentido. [26]

Em primeiro lugar, significa que as formas de organização típicas do período do capitalismo pesado e organizado estão sendo gradualmente desmanteladas.

Num segundo sentido, quer dizer que o capitalismo líquido, atualmente, está mais bem organizado do que nunca. [27]

Nesse sentido, o capitalismo líquido passou a dominar todos os aspectos da vida social e conseguiu neutralizar os seus inimigos tradicionais, que produziam paradigmas de pensamento disfucionais e irracionais, sob o ponto de vista da economia de mercado (o movimento socialista, o ativismo operário e as relações sociais não mercantilizadas). [28]

### II. A globalização da economia

Para todas as finalidades práticas, a produção não é mais organizada no interior e nos limites políticos do Estado onde se encontra a sede da empresa.

Os avançados sistemas de informações permitiram o controle do processo a partir de um ponto central e praticamente em tempo real.

No novo modelo econômico, é crescente o papel da economia de informação.

A economia de bens é substituída pela economia da informação, passando a ser fundamental a incorporação de processos de conhecimento.

---

[26] Boaventura, p. 153.
[27] Boaventura, p. 153.
[28] Boaventura, p. 154.

Nesse novo modelo, ocorre a substituição do tempo diferido pelo tempo real, diversos acontecimentos acontecem simultaneamente.

Na arquitetura da globalização atual corporificou-se a existência de um motor único na história, representado pela mais-valia globalizada.[29]

A globalização não é um processo que atua de modo uniforme e nem atinge todos os campos da atividade humana.[30]

É possível dizer que a economia está globalizada. E, ainda, que há uma tendência de universalização da ciência, da tecnologia, das comunicações e até da cultura.

Porém, a globalização não é um processo que possa ser facilmente transportado para a política, já que, em termos políticos, vivemos num mundo que permanece de fato pluralista e dividido em Estados territoriais.[31]

### III. O hiperliberalismo na (pós) modernidade líquida e o direito do trabalho líquido

Há uma confusão entre duas coisas bem diferentes.

Não há dúvida de que a globalização é irreversível e, em alguns aspectos, independente da atuação governamental.

O mesmo não se dá com a ideologia e o direito do trabalho líquido baseados na ideologia hiperliberal do livre mercado ou o que foi chamado de 'fundamentalismo do livre mercado'. Isto é algo muito distinto.

A ideologia hiperliberal sustenta que a liberalização do mercado otimizaria e propiciaria o crescimento e a riqueza do mundo e levaria à melhor distribuição desse incremento.

Assim, para essa ideologia hiperliberal, hiperindividualizadora derivada do capitalismo líquido e condicionante do direito do trabalho líquido, toda tentativa de controlar e regulamentar o mercado redundará em resultado negativo, pois restringe a acumulação de lucros sobre o capital, e portanto, impede a maximização da taxa de crescimento.[32]

Para a proposta hiperliberal, hiperindividualizadora derivada do capitalismo líquido e condicionante do direito do trabalho líquido, tudo o que importa é a soma da riqueza produzida e o crescimento econômico, sem qualquer referência ao modo como tais riquezas são distribuídas.[33]

---

(29) Santos, Milton, *Por uma outra globalização*, p. 23.
(30) Hobsbawm, *O novo século*, p. 50-51.
(31) Hobsbawm, *O novo século*, p. 50-51.
(32) Hobsbawm, *O novo século*, op. cit., 78.
(33) Kurz, Robert, *O colapso*, 1996, p. 175.

# PARTE 5

## CAPITALISMO LÍQUIDO – O TEMPO INSTANTÂNEO – A HIPERINDIVIDUALIZAÇÃO DA EXISTÊNCIA HUMANA

### I. A importância do consumidor e a desimportância do trabalhador na sociedade de consumo (do espetáculo e do entretenimento) e não mais sociedade de produção/produtores

Atualmente, no capitalismo líquido, as principais fontes de lucro são as ideias e não os objetos materiais. [34]

As ideais são produzidas uma vez apenas, e ficam trazendo riqueza dependendo do número de pessoas atraídas como compradores/clientes/consumidores – e não do número de pessoas empregadas e envolvidas na replicação do protótipo.

Quando se trata de tornar ideias lucrativas, os objetos da competição são os consumidores e não os produtores.

Assim, se é que há, o único compromisso do capital se dá com os consumidores.

Só nessa esfera, no capitalismo líquido, se pode falar em dependência mútua.

No capitalismo líquido, o capital depende, para sua lucratividade, dos consumidores – então, os seus itinerários são guiados pela presença ou ausência dos consumidores ou pela chance da "produção" de consumidores, de gerar a demanda pelas ideias em oferta.

Assim, nos itinerários definidos pelo capitalismo líquido, na preparação de deslocamentos do capital, a força de trabalho é uma consideração secundária.

Consequentemente, o poder de pressão dos trabalhadores sobre o capital (sobre as condições de emprego e disponibilidade de postos de trabalho) encolheu consideravelmente. [35]

---

[34] Bauman, *Modernidade Líquida*, p. 190.
[35] Bauman, *Modernidade Líquida*, p. 190.

## II. Busca dos fins (e não dos meios para atingir determinado fim), a hiperindividualização e suas consequências coletivamente (e para a cidadania)

No capitalismo pesado, Max Weber previu o triunfo da racionalidade instrumental: com o destino, os valores e os fins da história humana resolvidos: as pessoas passariam a se ocupar dos meios.[36]

O capitalismo líquido, de hoje, não é racional por referência a valores e fins relacionados ao destino do ser humano.

Por isso, o capitalismo líquido encarna outro e novo tipo de incerteza, qual seja: não saber os fins em lugar de não saber quais os meios.

Nas novas circunstâncias, a maior parte da vida humana e a maioria das vidas humanas consuma-se, na agonia hiperindividualizada, quanto a escolhas de objetivos, e não na procura dos meios para os fins.

E, diante dessa realidade, tudo corre por conta do indivíduo. Configura-se o hiperindividualismo ou a hiperindividualização.

E, a consequência da hiperindividualização é a corrosão e a desintegração da cidadania.

O cidadão é uma pessoa que tende a buscar seu próprio bem-estar através do bem-estar da sociedade, enquanto o indivíduo hiperindividualista é indiferente em relação à causa comum, ao bem comum, à boa sociedade ou à sociedade justa.

Na perspectiva da hiperindividualização, o único sentido ao denominado interesse comum é permitir que cada um satisfaça seus próprios interesses.

A hiperindividualização parece ter chegado para ficar, toda a elaboração sobre os meios de enfrentar seu impacto sobre o modo como levamos nossas vidas deve partir do reconhecimento desse fato.

O abismo que se abre entre a hiperindividualização e a capacidade de controlar situações sociais derivadas dela é algo que precisamos aprender a manejar coletivamente.[37]

A hiperindividualização traz a tarefa, também, sem precedentes de enfrentar as suas consequências.[38]

---

(36) Bauman, p. 52.
(37) Bauman, p. 52.
(38) Bauman, p. 52.

### III. O tempo instantâneo na (pós) modernidade líquida, no capitalismo líquido, no direito do trabalho líquido e a questão da existência humana

Conforme já observou Richard Sennett, a rotina pode diminuir, ao decompor o trabalho, mas, pode, também, proteger, ao compor uma vida. [39]

A questão principal e o divisor de águas na história contemporânea é o impacto que a aniquilação do tempo e a irrelevância do espaço começa a ter na condição da existência humana. [40]

Todos os valores, observou Simmel, são valiosos na medida que devem ser conquistados pela superação de outros valores; é o desvio e a renúncia da busca de certas coisas por outras que as fazem vê-las valiosas. [41]

São os obstáculos e o tempo que precisam ser superados e as lutas travadas pelo caminho na busca de coisas valiosas que as fazem valiosas.

Se tempo nenhum precisa ser perdido ou superado - ´sacrificado´- para chegar mesmo a lugares, valores e objetivos mais remotos, os lugares, os valores e os objetivos são destituídos de valor. [42]

A instantaneidade denota a ausência do tempo como fator do evento e, por isso mesmo, como elemento no cálculo do valor.

O tempo não é mais o ´desvio na busca´ e, assim, não confere valor ao espaço.

Isso significa que, como todas as partes do espaço podem ser atingidas no mesmo período de tempo (isto é, em tempo nenhum), nenhuma parte do espaço, ou nenhum valor ou objetivo é privilegiado, nenhum tem um valor especial. [43]

---

[39] Bauman, p. 184/185.
[40] Bauman, p. 146/147.
[41] Bauman, p. 184/185.
[42] Bauman, p. 146/147.
[43] Bauman, p. 146/147.

# PARTE 6

# O DESCOMPROMISSO COM O LONGO PRAZO COMO MÉTODO DE TRABALHO E RIQUEZA NA MODERNIDADE LÍQUIDA E NO CAPITALISMO LÍQUIDO E NO DIREITO DO TRABALHO LÍQUIDO

## I. Ainda da libertação do capital

O DESENGAJAMENTO UNILATERAL DO CAPITAL desfazendo o arranjo social por conta da descorporificação do trabalho humano na era do *software* e do direito do trabalho líquido.

O trabalho, observou Karl Polanyi, não pode ser uma mercadoria (pelo menos não uma mercadoria como as outras), dado que não pode ser vendido ou comprado separado de seus portadores.[44]

O trabalho sobre o qual Polanyi escrevia era de fato trabalho incorporado: o trabalho não podia ser movido sem mover o corpo dos trabalhadores.

Só se podia alugar e empregar trabalho humano junto com o resto dos corpos dos trabalhadores, e a inércia dos corpos alugados punha limites à liberdade dos empregadores.

Para supervisionar e canalizar o trabalho de acordo com o projeto era necessário administrar e vigiar os trabalhadores; para controlar o processo de trabalho era preciso controlar os trabalhadores.

Esse requisito colocou o capital e o trabalho face a face, para o bem e para o mal, mas os manteve juntos.

As revoluções e o Estado do Bem-estar Social foram o resultado não previsto, mas inevitável, dessa condição que impedia a separação do capital e do trabalho como opção factível e viável[45].

---

(44) Bauman, p. 146/147.
(45) Bauman, p. 153/154.

Atualmente, vivemos outra grande transformação, e um de seus aspectos mais visíveis é um fenômeno que é o exato oposto da condição que Polanyi supunha: a descorporificação do trabalho humano que serve ao capital contemporâneo.

O trabalho sem corpo da era do *software* não mais amarra o capital: permite ao capital ser extraterritorial, volátil e inconstante.

A descorporificação do trabalho anuncia a ausência de peso (liquifação) do capital e a configuração do capitalismo líquido no lugar do capitalismo social.[46]

A dependência entre capital e trabalho mútua foi, unilateralmente, rompida.

Enquanto a capacidade do trabalho é, como antes, incompleta e irrealizável isoladamente, o inverso não se aplica.[47]

No capitalismo líquido, o capital pode viajar rápido e leve, e sua leveza e mobilidade se tornam as fontes mais importantes da incerteza para todo o resto.

Essa é a nova e principal base de dominação e o principal fator das divisões sociais e da fundação do direito do trabalho líquido (e descompromissado).

O volume e tamanho, próprios do capitalismo pesado e social, deixam de ser recursos para se tornarem riscos.

A ciência da administração do capitalismo pesado se centrava em conservar a mão de obra e forçá-la a permanecer de prontidão e trabalhar, segundo os prazos.

A "arte" de administração na era do capitalismo líquido consiste em manter afastada a mão de obra humana, ou melhor forçá-la a sair. [48]

Assim, na era do capitalismo líquido e do direito do trabalho líquido, encontros breves substituem engajamentos duradouros.[49]

## II. O curto prazo – da desregulação do trabalho — a poderosa força hiperindividualizadora e a inadequação da ação sindical tendo como resultado o direito do trabalho líquido

O ingrediente crucial da mudança múltipla é a nova mentalidade de curto prazo, do capitalismo líquido (e do direito do trabalho líquido) que substituiu o paradigma de longo prazo do capitalismo social (e do direito do trabalho compromissado).

---

(46) Bauman, p. 153/154.
(47) Bauman, p. 153/154.
(48) Bauman, p. 153/154.
(49) Bauman, p. 153/154.

A flexibilidade é o *slogan* derivado do capitalismo líquido e do seu direito do trabalho líquido que aplicado ao mercado de trabalho anuncia o fim do emprego, anunciando em seu lugar o advento do trabalho por curto prazo, ou sem contratos, posições sem cobertura previdenciária, mas com cláusulas até a nova mudança. [50]

No capitalismo líquido e no direito do trabalho líquido, a incerteza do presente é uma poderosa força hiperindividualizadora.

A incerteza divide em vez de unir, e como não há maneira de dizer quem acordará no próximo dia em qual divisão, a ideia do interesse comum perde todo o valor prático.

Isso priva as posições de solidariedade de seu *status* antigo de táticas racionais e sugere uma estratégia de vida muito diferente da que levou ao estabelecimento das organizações sindicais em defesa da classe trabalhadora.

O que conta que em face das novas formas de exploração, notavelmente favorecidas pela desregulação do trabalho e pelo desenvolvimento dos contratos de curto prazo, emprego temporário, intermitente, terceirizado, próprias do capitalismo líquido e do seu direito do trabalho líquido, é que as formas tradicionais da ação sindical são consideradas inadequadas.[51]

## III. O curto prazo – flexibilidade – da desregulação do trabalho – do trabalho temporário – do trabalho terceirizado – do direito do trabalho líquido

Quando a utilização do trabalho se torna de curto prazo e precária, tendo sido ele despido de perspectivas firmes e, portanto, tornado episódico, quando todas as regras relativas ao "jogo" foram esgotadas ou tendem a ser alteradas antes que o "jogo" termine, há pouca chance de que a lealdade e o compromisso mútuos brotem e se enraízem.

Ao contrário dos tempos da dependência mútua de longo prazo, não há quase estímulo para um interesse por conhecer os empreendimentos comuns e os arranjos a eles relacionados, que de qualquer forma seriam transitórios.

O emprego parece um acampamento e não um lugar compartilhado onde nos inclinamos a construir pacientemente regras aceitáveis de convivência.

Na perspectiva da hiperindividualização as formas fugazes de associação são mais úteis para pessoas do que as conexões de longo prazo.

---

(50) Bauman, p. 185/186.
(51) Bauman, p. 186.

A versão liquefeita, fluida, dispersa, espalhada e desregulada do direito do trabalho líquido derivado da pós-modernidade líquida e do advento do capitalismo líquido, leve e flutuante, é marcada pelo desengajamento e enfraquecimento dos laços que prendem o capital ao trabalho.

Se no capitalismo social e no direito do trabalho compromissado manter-se juntos era uma questão de acordo recíproco e de mútua dependência, no capitalismo líquido e no direito do trabalho líquido (e descompromissado) o desengajamento é unilateral: um dos lados da configuração adquiriu a autonomia que sempre desejou, mas nunca podia aplicar seriamente antes. [52]

## IV. A libertação do capital frente ao trabalho na (pós) modernidade líquida e no capitalismo líquido – da desregulação patrocinada pelo governo

Numa medida nunca alcançada, o capital rompeu sua dependência em relação ao trabalho com uma nova liberdade de movimentos, impensável no passado. [53]

A reprodução e o crescimento do capital, dos lucros e dos dividendos e a satisfação dos acionistas se tornaram independentes da duração de qualquer comprometimento local com o trabalho.

O capital se tornou extraterritorial, leve, flutuante, líquido, desembaraçado e solto numa medida sem precedentes, e seu nível de mobilidade espacial é na maioria dos casos suficiente para chantagear países e fazê-los se submeterem às suas demandas.

A ameaça de cortar os laços locais e mudar-se para outro lugar é uma coisa que qualquer governo responsável, em benefício próprio e no de seus concidadãos, deve tratar com seriedade, tentando subordinar suas políticas ao propósito de evitar a ameaça do desinvestimento. [54]

E isso pode ser feito ou tentado usando todo o poder regulador à disposição do governo a serviço da desregulação, do desmantelamento e destruição de leis e estatutos restritivos às empresas, de modo a dar credibilidade e poder de persuasão à promessa de que seus poderes reguladores não serão utilizados para restringir as liberdades do capital.

Na prática, isso significa baixos impostos, menores regras e acima de tudo, um mercado de trabalho flexível, ou seja, um direito do trabalho líquido e descompromissado, normatizado para garantir a desregulamentação e os contratos de curto prazo, precários, temporários e terceirizados.[55]

---

(52) Bauman, p. 186/187.
(53) Bauman, p. 188/189.
(54) Bauman, p. 188/189.
(55) Bauman, p. 188/189.

# ARQUITETURA INSTITUCIONAL NA (PÓS) MODERNIDADE E NO CAPITALISMO LÍQUIDO E DO DIREITO DO TRABALHO LÍQUIDO

### I. Forma de trabalho pautada em tarefas específicas e não em funções e sequenciamento não linear

Numa empresa "flexível" e "volátil", a sequência da produção pode ser alterada à vontade.[56]

Em empresas de programação avançada de computadores, por exemplo, poder-se-ia, de início, centrar-se em algum projeto promissor e inovador de criação de imagens, voltando para trás para montar o código de apoio que simplifica a produção e em seguida avançando, novamente, para estudar as possibilidades comerciais.

É uma forma de trabalho pautada em tarefas específicas e não por funções predeterminadas.

O desenvolvimento linear é substituído por um modelo capaz de permitir a livre circulação.[57]

### II. Dessedimentação institucional

Esta nova forma de trabalhar é conhecida como dessedimentação institucional.[58]

Ou seja, confiando certas funções a terceiros em outras firmas e lugares, o administrador/gestor pode se livrar de certas camadas de trabalhadores na organização.

---

(56) Sennett, *A cultura,* p. 49/51.
(57) Sennett, p. 49/51.
(58) Sennett, p. 49/51.

Além disso, os trabalhadores vinculados por contratos de curta duração, também, podem ser facilmente transferidos de uma tarefa a outra, alterando-se os contratos para adaptá-los à evolução das atividades da empresa.

Assim, a empresa incha e se contrai, empregados são contratados ou descartados à medida que a empresa transita de uma tarefa a outra. [59]

### III. Casualização

A causualização da força de trabalho não diz respeito apenas ao emprego de trabalhadores temporários ou subempreteiros externos; aplica-se também à estrutura interna da empresa, ou seja, aos próprios empregados internos. [60]

Os empregados podem estar vinculados a contratos de meses, que podem ser renovados; com isto, o empregador pode eximir-se de pagar-lhes maiores benefícios e oferecer melhores condições de trabalho.

E a empresa pode contrair-se ou expandir-se rapidamente, dispensando ou contratando trabalhadores. [61]

### IV. Ênfase em tarefas imediatas

Consideradas em conjunto, a causalização, a dessedimentação e o sequenciamento não linear – encurtam o tempo operacional da empresa.

Do ponto de vista dos investidores e acionistas, um de seus atrativos é precisamente o frenesi da movimentação, da mudança e do caos na empresa, potencializando resultados no mercado de ações por meio da pura e simples visibilidade. [62]

---

[59] Sennett, p. 49/51.
[60] Sennett, p. 49/51.
[61] Sennett, p. 49/51.
[62] Sennett, p. 51.

# PARTE 8

# TERCEIRIZAÇÃO NA (PÓS) MODERNIDADE LÍQUIDA E HIPERLIBERAL, E O ESVAZIAMENTO DA IDENTIDADE E DO COMPROMISSSO COMO CONSEQUÊNCIA DO DIREITO DO TRABALHO LÍQUIDO E DESCOMPROMISSADO

### I. Das assimetrias das informações econômicas

Para a garantia da democracia, que nada mais é que a concreção da justiça social, é essencial que o operador do direito e o legislador tenham em mãos as verdadeiras informações e saibam manejar os dados econômicos, na busca de alcançar os objetivos que são próprios à emancipação social.

### II. A reengenharia e a terceirização

A reengenharia empresarial se traduz em técnicas específicas que pautam a atuação de administradores, capacitando-os a eliminar as unidades repetitivas ou ineficientes.[63]

A reengenharia empresarial é traduzida por várias facetas, e, um desses aspectos é a terceirização.[64]

O objetivo original da terceirização era fazer com que a empresa não se visse obrigada a investir (na atividade-meio) na aquisição de sistemas de computação, manutenção e operação em relação às atividades que não faziam parte da cultura, da estratégia e identidade empresarial (da atividade-fim).

No entanto, a partir da situação original e específica produzida pelos programas de computador – além de outras situações pontuais já existentes (serviços de vigilância, conservação e limpeza), a terceirização ganhou, na ótica do mercado, *status* de solução para a quase totalidade das atividades da empresa, inclusive atingindo níveis táticos e áreas estratégicas (atividades-fim).

---

[63] Sennett, Richard. *A corrosão do caráter*. Rio de Janeiro: Record, 2002, p. 56.
[64] Jamil, George Leal. *Repensando a TI na Empresa Moderna*. Rio de Janeiro: Axcel Books do Brasil, 2001, p. 466.

Desde então, a terceirização passou a ser enfocada, apenas, sob o aspecto da redução de custos, passando a representar procedimentos com o único objetivo de obter a redução de empregos e salários, sem que os empregadores reais tivessem de lidar com a sociologia de uma força de trabalho insatisfeita por ter tido seus direitos reduzidos. [65]

O que, em última instância, gerou a transferência dos riscos econômicos e as incertezas para os trabalhadores, e, transferência de renda para as empresas.

### III. O gerencial da "lipoaspiração do trabalho humano" na (pós) modernidade líquida, no capitalismo líquido e no direito do trabalho líquido

A administração no capitalismo pesado se pautava em conservar a mão de obra a permanecer de prontidão e trabalhar, segundo os prazos.

A ciência da administração na era do capitalismo leve e líquido consiste em manter afastada a mão de obra humana, ou forçá-la a sair.

O equivalente gerencial da "lipoaspiração" se tornou a principal estratégia da administração no capitalismo líquido e no seu direito do trabalho líquido: reduzir de tamanho, fechar ou vender algumas unidades porque não são suficientemente eficazes, e outras porque é mais barato deixar do que assumir a tarefa da supervisão gerencial. [66]

A obsessão pela redução de tamanho é um complemento inseparável da mania das fusões.

As fusões e reduções de tamanho não se contrapõem, ao contrário se condicionam e reforçam mutuamente.

É a mistura de estratégias de fusão e redução de tamanho que oferece ao capital e ao poder financeiro o espaço para se mover mais rapidamente, de forma global, ao mesmo tempo que priva o trabalho de seu poder de barganha, imobilizando-o ainda mais firmemente.

O capital ganha mais campo de manobra – mais abrigos para esconder-se, maior matriz de permutações possíveis, mais amplo sortimento de transformações disponíveis, e portanto mais força para manter o trabalho que emprega sob controle, juntamente com a capacidade de lavar as mãos das consequências devastadoras de sucessivas rodadas de redução de tamanho – essa é a cara contemporânea da dominação derivada do capitalismo líquido e do direito do trabalho líquido. [67]

---

(65) Thurow, Lester C. *O futuro do capitalismo*. Rio de Janeiro: 1997. p. 42-49.
(66) Bauman, p. 156/157.
(67) Bauman, p. 156/157.

Ela domina de alto a baixo a empresa obcecada com a ´dieta do emagrecimento´.

Os administradores devem reduzir o tamanho dos setores que empregam trabalhadores para merecer o reconhecimento das bolsas, ganhar os votos dos acionistas e garantir o direito aos cumprimentos e bônus quando completar a rodada dos cortes.

A tendência se torna autopropelida, e o motivo original – maior eficiência – torna-se cada vez mais irrelevante.[68]

## IV. Déficits econômicos produzidos pela terceirização na (pós) modernidade e no capitalismo líquido e hiperliberal e pelo direito do trabalho líquido (o esvaziamento da identidade e do compromisso)

O desvirtuamento da ideia original da terceirização levou as organizações empresariais a ser tornarem contratadores e gestores de mão de obra terceirizada, o que tem causado imensa confusão entre as equipes fixas e as terceirizadas, desagregando e desarticulando a identidade dos trabalhadores com a empresa.

Com isso a cultura empresarial não mais se impõe, e, a qualidade dos produtos e serviços gerados torna-se bastante questionável.

Tudo isso, sem contar que a real extensão dos impactos negativos que, ainda, não foram exatamente dimensionados.

A terceirização produz uma onda ainda maior de rotatividade, tais fatores geram maior improvisação e perda de produtividade e qualidade.

Ou seja, os resultados técnicos da terceirização passam a ser questionáveis, pois foi ignorado pelos consultores econômicos o aspecto humano, ou melhor, o fator cultural e os impactos sociais internos às empresas.

Os consultores ignoram que só uma equipe integrada, com boa situação de trabalho, produz efetivamente. A integração do time de trabalho faz parte do contexto fundamental do trabalho, especialmente num mundo que gira em torno de informações e conhecimento.

Em outras palavras, os consultores econômicos esquecem que a sociologia do trabalho representa um relacionamento complexo, muito distante do determinismo da lógica de uma máquina, pois envolve parâmetros humanos de difícil coordenação, o que acaba por implicar perda de produtividade, limitando as funções de criação e afetas, entre elas as de dinâmica, notadamente a criação e negociação. [69]

---

(68) Bauman, p. 156/157.
(69) Jamil, George Leal, *op. cit.*, p. 463/465.

## PARTE 9

# MODELO SINDICAL, TRABALHO LIBERAL, SERVIÇOS, TECNOLOGIA, GLOBALIZAÇÃO, ESVAZIAMENTO DA PLANTA INDUSTRIAL NA PÓS--MODERNIDADE LÍQUIDA E A INADEQUAÇÃO DO MODELO SINDICAL

### I. Síntese das estruturas econômicas da pós-modernidade líquida e a proposta do direito laboral líquido e a sua incapacidade de defesa de direitos com a prevalência do negociado sobre o legislado

Primeiramente, a incidência das normas de tutela laboral de maneira inderrogável e imperativa tem fundamento na limitação e impossibilidade do real exercício da autonomia da vontade, tendo em vista a inferioridade socioeconômica – além, normalmente, da vulnerabilidade técnica e jurídica – que caracteriza a posição do empregado em face do empregador.

Em segundo lugar, a imperatividade e irrenunciabilidade das regras do direito do trabalho se manifestam por conta do poder diretivo do empregador. Ou seja, do fato de que o empregado encontra-se em posição de sujeição em face do poder diretivo e de controle da relação jurídica e da prestação de serviço exercido pelo empregador.

Em terceiro lugar, um mercado deixado a se autorregular leva, inexoravelmente, ao fim de qualquer segurança dos trabalhadores que, embora sejam a parte menos capaz, passariam a ter de suportar integralmente todos os riscos da atividade.

Em quarto lugar, a abundância crônica da mão de obra disponível – ou seja, o monopólio estrutural do mercado de trabalho – provoca um desequilíbrio na relação jurídica em favor do empregador.

Em quinto lugar, está o monopólio de determinada(s) atividade(s) empresarial(is), no qual o empresário sem ter concorrente tem a absoluta possibilidade da seleção dos seus empregados, ao passo que os trabalhadores desse ramo de atividade não têm nenhuma outra possibilidade de escolha. [70]

---

(70) ICHINO, Pietro. Il Contrato di Lavoro, in *Trattato di Diritto Civile e Commerciale*. Milano: Giufrè, 2000. p. 59.

Em sexto lugar, está a ausência de liberdade de circulação dos trabalhadores pelo mercado mundial – ao contrário do que ocorre com os produtos, serviços e capital.

Em sétimo lugar, está a assimetria das informações, que, igualmente, gera desvalorização socioeconômica do labor, por conta da inexistência de amplos e reais serviços de informações sobre oferta e demanda por empregados nas diversas áreas, bem como da ausência substancial de serviços de recolocação, carência de serviços de formação, requalificação e orientação profissional e de assistência para maior mobilidade geográfica.

Enquanto os empresários, normalmente, atuam no mercado de trabalho munidos de adequadas e atuais informações municiadas por redes e canais de informações verdadeiramente eficientes.

Em oitavo lugar, a desvalorização socioeconômica do trabalho se dá por conta da estruturação do trabalho na sociedade da pós-modernidade líquida e no capitalismo líquido.

É que na sociedade industrial a estruturação do trabalho repousava, predominantemente, no trabalho industrial, que permitia uma massificação e aglutinação de identidades dos trabalhadores, a partir da própria planta industrial fordista, que favorecia um movimento fortemente integrador e a constituição da categoria profissional como um ator social coletivo.

Na sociedade pós-industrial e informacional, da (pós) modernidade líquida, a predominância, agora, é do trabalho no setor terciário (serviços), por natureza muito diversificada, o que proporcionou a proliferação de novos conflitos, muitos sem conteúdo ideológico, que desafiam todas as tentativas de institucionalização. Assim, a defesa dos interesses por cada grupo, nessa área, já não representa mais a participação num mecanismo automático de integração e de identidade das massas.

Essa dificuldade da representação, aglutinação e unificação de interesses dos trabalhadores do setor de serviços, que trabalham mais diluídos e com características mais hiperindividualistas, acrescida da constante alteração de função e empregadores pela terceirização e pelos contratos temporários e de curto prazo, tem como consequência a fragmentação e a perda de identidade das lutas dos trabalhadores, propiciando maior manipulação pelo poder econômico e maior exclusão social. [71]

Tudo isso gera, na pós-modernidade líquida e no capitalismo líquido, um agravamento da vulnerabilidade técnica, econômica e jurídica do empregado, que promove, mantém e acentua a sua "subordinação", "dependência" e desvalorização socioeconômica de seu trabalho, que tanto interessa ao mercado.

---

(71) DUPAS, Gilberto. *Economia Global e Exclusão Social*: pobreza, empregado, Estado e o futuro do capitalismo. São Paulo: Paz e Terra, 2000. p. 55.

## II. Do trabalho temporário – do trabalho terceirizado – da poderosa força hiperindividualizadora e a inadequação da ação sindical

Robert Reich indica que as pessoas, na pós-modernidade líquida e no capitalismo líquido, envolvidas em atividades econômicas podem ser divididas em quatro grandes categorias.[72]

No primeiro grupo, estão as pessoas que inventam ideias e maneiras de torná-las desejáveis e vendáveis.

Na segunda categoria, os trabalhadores envolvidos na reprodução do trabalho (entre outros, educadores ou diversos funcionários do Estado).

No terceiro tipo, estão as pessoas empregadas em serviços que requerem encontros face a face com os que recebem o serviço; entre outros, os vendedores de produtos e os produtores do desejo pelos produtos.

Na quarta categoria, estão os trabalhadores de rotina, presos à linha de montagem ou (em fábrica mais atualizadas) às redes de computadores e equipamentos eletrônicos automatizados como pontos de controle.

Nesse quarto grupo, estão as pessoas cujos requisitos de emprego não constam habilidades particulares e nem a arte da interação social com clientes – e assim são fáceis de substituir e não têm poder de barganha.[73]

## III. A inadequação do modelo sindical por ramo de atividade ou por empresa e o "pulo no abismo" dos direitos na opção do modelo do negociado a prevalecer sobre o legislado

Os sindicatos tradicionais que concentram-se por ramo de atividade, ou, mesmo aqueles que estão ligados por determinada empresa, indústria ou especialidade, não estão bem equipados para manter contato com trabalhadores que precisam estar, permanentemente, mudando de um tipo de trabalho para outro.[74]

Por isso, é essencial a tentativa de repensar a natureza dos sindicatos e do modelo sindical.

---

(72) Bauman, p. 191.
(73) Bauman, p. 191.
(74) Sennett, p. 171.

# PARTE 10

# DO FUTURO RETORNO DO PÊNDULO DO PARADIGMA DE PENSAMENTO DO CAPITALISMO LÍQUIDO E DO DIREITO DO TRABALHO LÍQUIDO EM FACE DOS RESULTADOS SOCIAIS E ECONÔMICOS

## I. Custos econômicos futuros

A terceirização gera instabilidade nos quadros de pessoal fixo e contratado, com tratamentos e enquadramentos distintos, além da quebra dos fluxos internos da empresa, gerando problemas relacionados à comunicação e realização de tarefas. [75]

A terceirização generalizada gera a quebra e a falta de estratégias no tratamento de riscos e condições externas, tais como greve dos terceirizados, redução de prazos e orçamentos. [76]

Em outras palavras, a terceirização generalizada termina levando a uma situação de desorganização empresarial. [77]

A terceirização e a precarização do contrato de trabalho de longo prazo ou estável, generalizada, gera uma queda no trabalho, e, perda da qualidade dos produtos. [78]

De forma que o objetivo do corte de custos termina por gerar um lucro meramente temporário, uma vez que acaba promovendo novos custos no processo e danos aos contratantes. [79]

## II. Custos sociais: premiação e concorrência interna e altos níveis de ansiedade, vigilância panóptica tecnológica – "o tudo ou nada"

A flexibilidade da reprodução só é possível porque a unidade central de processamento controla o conjunto.

---

[75] Jamil, G. L., p. 469.
[76] Jamil, G. L., p. 469.
[77] Jamil, G. L., p. 467.
[78] Jamil, G. L., p. 469.
[79] Sennett, p. 58.

Assim, numa empresa "flexível" e "volátil", o poder fica concentrado no centro; a unidade central de processamento da organização aparece em tarefas, avalia resultados, promove a expansão ou o encolhimento da empresa.

Na verdade, na pós-modernidade e no capitalismo líquido, as modernas formas de reestruturação corporativas são impulsionadas pelo passivo e o valor das ações estabelecido nos mercados financeiros, e, não pelo funcionamento interno da empresa.[80]

A empresa tentará motivar a autonomia por intermédio dos mercados internos; o centro estabelece os termos da competição entre as equipes no estabelecimento de um código de computação, no levantamento de fundo ou na concepção de um produto, e quatro ou cinco equipes passam a competir nessa direção.

Este tipo de competição interna leva àquilo que o economista Robert Frank chama de recompensas ´tudo ou nada´: os prêmios máximos são concedidos apenas à equipe vencedora, sendo poucos ou inexistentes os prêmios de consolação.[81]

O sistema gera alto nível de estresse entre os trabalhadores.

Os mercados internos mantêm altos os níveis de ansiedade, uma vez que a delimitação entre os concorrentes e colegas desapareceu.[82]

### III. A desigualdade e a ausência de responsabilidade pelas decisões

A desigualdade tornou-se o "calcanhar de Aquiles" da economia da pós-modernidade líquida, do capitalismo líquido e do direito do trabalho líquido.

Ela se mostra de muitas formas: remunerações descomunais para os empresários, uma defasagem cada vez maior nas empresas entre os salários mais elevados e os mais baixos, estagnação das camadas médias de renda frente às das elites.

A competição do estilo "tudo ou nada" gera extrema desigualdade material.

Essas desigualdades da riqueza, nas empresas, têm como paralelo uma crescente desigualdade social.[83]

---

(80) Sennett, p. 53/54.
(81) Sennett, p. 58.
(82) Sennett, p. 58.
(83) Sennett, p. 58.

## IV. Ausência de responsabilidade

Em certa medida, a presença dos consultores serve de indicação de uma mensagem de vontade e determinação na empresa.

No terreno da lucratividade, essa mensagem é importante: as turbulências institucionais servem para indicar aos investidores que está acontecendo com a empresa alguma coisa – mudança, por mais ambígua que seja – o que frequentemente serve para elevar o preço das ações.[84]

E ao contratar consultores, os executivos podem se eximir da responsabilidade pelas decisões dolorosas.

A unidade central nas empresas, efetivamente, comanda, mas evita a prestação de contas.

Na prática, os consultores não entram para as empresas por eles reorganizadas, e, portanto, também, eles próprios evitam de ter de prestar contas.[85]

## V. Déficits sociais e impacto no negócio

### 1. Os três déficits sociais

Os três déficts sociais da mudança estrutural derivada do direito do trabalho líquido e descompromissado são o baixo nível de lealdade institucional, a diminuição da confiança informal entre os trabalhadores e o enfraquecimento do conhecimento institucional. [86]

### 2. O fim da lealdade instituicional e a contradição do *compliance*

Na versão do capitalismo social e do direito do trabalho real e compromissado, a lealdade é um componente fundamental.

No extremo oposto, no capitalismo líquido, no hiper individualismo e no direito do trabalho líquido, o grau de lealdade é extremamente baixo.

A lealdade é um relacionamento participativo; e, se o empregador diz aos empregados que têm de agir por conta própria e que a empresa não ajudará quando precisarem, então, não há muito por que os empregados serem leais em relação à empresa.[87]

---

(84) Sennett, p. 54/55.
(35) Sennett, p. 54/55.
(86) Sennett, p. 54/55.
(87) Sennett, p. 54/55.

## 3. O ciclo do negócio, as horas extras e a ausência de compromisso recíproco

A lealdade é um ingrediente necessário para sobreviver aos ciclos dos negócios, o baixo nível de capital social tem graves consequências práticas para as empresas na luta pela sua sobrevivência.

Isto porque, os déficits de lealdade exacerbam o estresse, especialmente o que decorre do excesso de horas de trabalho que pode parecer sem propósito, a pressão tornar-se mais depressiva do que estimulante para os empregados. [88]

## 4. A questão da saúde

Nas empresas de baixo capital social, a pressão adquire vida própria, e os empregados a ela submetidos têm muito mais probabilidade de tornar-se alcoólatras, divorciar-se ou ter problemas de saúde que os indivíduos que trabalham em empresas com alto grau de lealdade. [89]

## 5. A diminuição da confiança informal

O segundo déficit social, menos óbvio que o da baixa lealdade, diz respeito à confiança.

A confiança pode assumir duas formas, formal e informal. [90]

A confiança formal significa que uma das partes adere a um contrato na crença de que a outra honrará seus termos.

A confiança informal implica saber em quem podemos confiar, especialmente, quando o grupo está sob pressão: quem do grupo desmoronará? Quem saberá aproveitar a oportunidade? A confiança informal leva tempo.

O baixo nível de confiança informal é um déficit organizacional, mais que uma simples questão de caráter pessoal, na medida em que gira em torno da organização do tempo. [91]

Para os empregados dessas empresas flexíveis e voláteis, o fato de não conhecer os outros trabalhadores só pode aumentar a ansiedade, essas empresas, não

---

(88) Sennett, p. 54/55.
(89) Sennett, p. 54/55.
(90) Sennett, p. 54/55.
(91) Sennett, p. 54/55.

obstante a ênfase nos aspectos superficiais da cooperação, são mais impessoais e opacas do que as empresas nas quais os indivíduos fazem longas carreiras juntamente com outros, que passam a conhecer bem. O resultado são redes que facilmente se desintegram. [92]

## 6. Debilitação do conhecimento institucional

O terceiro déficit social diz respeito à debilitação do conhecimento institucional, até porque é cada vez maior a tendência para limitar o acesso à reconfiguração, confinando-se o controle do programa aos escalões superiores da empresa.

Além disso, nas empresas do capitalismo de ponta, as ordens são dadas e reformuladas com rapidez, constantemente, tornando-se cada vez mais árduo o processo de interpretação, para conferir sentido a essas empresas camaleônicas.[93]

Esses três déficits sociais – de lealdade, confiança informal e informação para adaptação – geram déficit econômico. [94]

## 7. Conflito institucional

O gestor/administrador eficaz quer estabelecer parâmetros de lealdade, confiança e conhecimento institucional no interior da empresa, o que requer tempo.

Porém, ao administrador/gestor não é permitido garantir a responsabilidade pelo longo prazo; isto porque as regras do poder estão nas mãos de investidores e acionistas ou no capital impaciente. [95]

---

(92) Sennett, p. 54/55.
(93) Sennett, p. 62/77.
(94) Sennett, p. 54/55.
(95) Sennett, p. 62/77.

# PARTE 11

## DESCOMPROMISSO COM O PRECEITO FUNDAMENTAL QUE FUNDOU A SOCIEDADE MODERNA: ADIAMENTO DA SATISFAÇÃO

### I. Do fim da ética do trabalho no direito do trabalho líquido e na pós-modernidade líquida – no capitalismo leve/líquido

O preceito fundamental e de atitude que fundou a sociedade moderna e tornou possível e inescapável o modo moderno de estar no mundo foi o princípio do adiamento da satisfação (da satisfação de uma necessidade ou de um desejo).[96]

Como explicou Max Weber, foi desse adiamento particular, e não da pressa e da impaciência, que resultou de um lado, a acumulação do capital, e, de outro a propagação e o enraizamento da ética do trabalho.[97] [98]

O desejo de melhorar deu ao esforço seu estímulo e momento, mas o ´não ainda´, o ´não já´, conduziu esse esforço e a sua consequência não prevista, que veio a ser conhecida como crescimento, desenvolvimento, aceleração e, portanto, na sociedade moderna.[99]

A passagem da sociedade de produtores para a sociedade de consumidores da pós-modernidade líquida e do capitalismo líquido significou, portanto, uma mudança de ênfase e uma mudança de valores.

E levou o princípio do adiamento da satisfação ao ponto de ruptura.[100]

Este princípio está hoje vulnerável, e perdeu o escudo protetor da proibição ética.[101]

O adiamento da satisfação não é mais um sinal de virtude moral.

---

(96) Bauman, p. 197/199.
(97) Bauman, p. 197/199.
(98) Weber, Max. *A Ética Protestante e o Espírito do Capitalismo*. 2. ed. São Paulo: Pioneira, 2001. p. 28.
(99) Bauman, p. 197/199.
(100) Bauman, p. 197/199.
(101) Bauman, p. 197/199.

É provação pura e simples, uma problemática sobrecarregada que sinaliza imperfeições nos arranjos sociais e inadequação pessoal, ou nas duas coisas ao mesmo tempo.[102]

Se a ética do trabalho pressiona por uma extensão indefinida do adiamento, a estética do consumo pressiona por sua abolição. [103]

## II. O fim do adiamento da satisfação – na pós-modernidade líquida, no capitalismo líquido e no direito do trabalho líquido – não há mais o longo prazo

A máquina do tempo que propulsiona a ética protestante é a gratificação postergada no presente em nome das metas de longo prazo. [104]

A gratificação postergada possibilita a autodisciplina, envolve armadura para trabalhar, porque se está voltado para a recompensa futura.

Essa versão altamente personalizada do prestígio do trabalho, por outro lado, exige e impõe um tipo de empresa para merecer crédito: deve ser suficientemente estável para proporcionar recompensa futura e seus administradores testemunharem o desempenho.

O novo paradigma da pós-modernidade e do capitalismo líquido e do seu direito do trabalho líquido, entretanto, zomba da gratificação postegarda como princípio da autodisciplina; faltam aquelas condições sociais.

A questão da gratificação postergada torna-se, amplamente, problemática, economizar para o futuro, a essência da ética protestante, é um projeto viciado pela debilidade dessas novas estruturas empresariais que não constituem mais segurança. [105]

A erosão da ética protestante talvez seja mais aguda no terreno do planejamento estratégico pessoal.

A geração anterior (do capitalismo social e do direito do trabalho compromissado) pensava em termos estratégicos de longo prazo, ao passo que a geração atual e contemporânea pensa em termos de perspectivas imediatas.

---

(102) Bauman, p. 197/199.
(103) Bauman, p. 197/199.
(104) Sennett, p. 73/77.
(105) Sennett, p. 73/77.

A questão é o modelo, os jovens têm como referência o modelo líquido/fluído, voltado para o presente, evocando mais possibilidades do que progresso.

Para os indivíduos, embora continue ser importante trabalhar, o prestígio moral do trabalho propriamente dito foi transformado, o trabalho nos setores de ponta desorienta dois elementos-chave da ética do trabalho: a gratificação postergada e o pensamento estratégico de longo prazo.[106]

---

[106] Sennett, p. 73/77.

# PARTE 12

# LAÇOS HUMANOS NA SOCIEDADE DA PÓS-MODERNIDADE LÍQUIDA E NO DIREITO DO TRABALHO LÍQUIDO/FLUÍDO E DESCOMPROMISSADO

## I. As consequências da precariedade dos laços humanos

A precariedade, a instabilidade, a vulnerabilidade são as características mais difundidas das condições de vida da pós-modernidade líquida, do capitalismo líquido e do direito do trabalho líquido.

Assim, a precariedade é a marca da condição preliminar de todo o resto. [107]

No mundo do desemprego estrutural ninguém pode se sentir verdadeiramente seguro. Empregos seguros em empresas seguras desapareceram. Até porque, nem habilidades e experiências, uma vez adquiridas, garantem e são suficientes a estabelecer que o emprego será oferecido e uma vez oferecido será durável.[108]

Ninguém pode supor que está garantido contra a nova rodada de ´redução de tamanho´ e ´racionalização´ contra mudanças erráticas da demanda do mercado e pressões irresistíveis de "competitividade", "produtividade" e "eficácia".[109]

A flexibilidade" e a volatilidade são os *slogan*s da pós-modernidade líquida, do capitalismo líquido e do direito do trabalho líquido.

A flexibilidade e a volatilidade anunciam empregos e contratos sem segurança, sem compromissos ou direitos, oferecem apenas contratos a prazo fixo ou renováveis, esse é o Direito do Trabalho Líquido da Pós-Modernidade Líquida e do Capitalismo Líquido e da empresa camaleônica.

Na falta de segurança de longo prazo, a ´satisfação instantânea´ aparenta ser uma estratégia razoável. [110]

---

(107) Bauman, p. 200/206.
(108) Bauman, p. 200/206.
(109) Bauman, p. 200/206.
(110) Bauman, p. 200/206.

As condições econômicas e sociais precárias treinam homens e mulheres a perceber o mundo como um contêiner cheio de objetos descartáveis – inclusive, os seres humanos.

Num mundo em que o futuro é nebuloso, incerto, flexível e volátil, abandonar o interesse privado para aumentar o poder do grupo e sacrificar o presente em nome de uma felicidade futura não parecem uma proposição atraente, ou mesmo razoável. [111]

Como os compromissos de hoje são obstáculos para oportunidades de amanhã, quanto mais os ajustes forem leves e superficiais, menor o risco de prejuízos.

E, assim, a política da precarização do direito do trabalho líquido e descompromissado conduzida pelos operadores de mercado de trabalho da pós-modernidade líquida e do hiperliberalismo acaba sendo apoiada e reforçada pelas políticas da vida, sejam elas adotadas deliberadamente ou apenas por falta de alternativas.

Ambas convergem para o mesmo resultado: o enfraquecimento e decomposição dos laços humanos, das comunidades e das parcerias. [112]

Em outras palavras, laços e parcerias tendem a ser vistos e tratados como coisas destinadas a serem consumidas e não produzidas; estão sujeitas aos mesmos critérios de avaliação de todos os objetos de consumo. [113]

O laço humano, como todos os outros objetos de consumo, passa a não ser uma coisa a ser trabalhada com grande esforço e sacrifício ocasional, mas, alguma coisa de que se espera satisfação imediata, instantânea, no momento da compra – é algo que se rejeita se não satisfizer imediatamente.

A precariedade da existência social inspira uma percepção do mundo em volta como um agregado de produtos para consumo imediato.

Há ainda outra ligação entre a ´consumização´ de um mundo precário e a desintegração dos laços humanos. [114]

É a cooperação que transforma os esforços diversos e dispersos em esforços produtivos. No caso do consumo, porém, a cooperação não só é desnecessária como inteiramente supérflua.[115]

---

(111) Bauman, p. 200/206.
(112) Bauman, p. 200/206.
(113) Bauman, p. 200/206.
(114) Bauman, p. 200/206.
(115) Bauman, p. 200/206.

A percepção do mundo derivada da pós-modernidade líquida, do capitalismo líquido e do direito do trabalho líquido e descompromissado, com seus habitantes, como um conjunto de itens de consumo, faz da negociação de laços humanos duradouros algo extremamente difícil e improvável.

# PARTE 13

## A PROPOSTA DO DIREITO DO TRABALHO LÍQUIDO E DESCOMPROMISSADO DERIVADO DA (PÓS) MODERNIDADE E DO CAPITALISMO LÍQUIDO, DO HIPERLIBERALISMO E DO HIPERINDIVIDUALISMO

O Direito, em particular o Direito do Trabalho, é a disciplina do compromisso e da responsabilidade social, com o objetivo de administrar a insegurança derivada dos eventos patológicos (contingências, imprevistos, descumprimento da lei, atos ilícitos etc.) e não próprios da estrutura de funcionamento fisiológica da sociedade pós-moderna.

Já o Direito do trabalho líquido é a disciplina do descompromisso (entre empregadores e trabalhadores) e da irresponsabilidade social, pautado na insegurança como elemento estrutural e natural do funcionamento da sociedade de consumo (aderente ao capitalismo líquido) e da satisfação e descarte instantâneos.

A proposta do modo de trabalho ou do direito do trabalho líquido derivado do capitalismo líquido e hiperliberal está estruturada num patamar de rentabilidade e num ciclo de produção em que "não há longo prazo" para nada mais e, consequentemente, na flexibilidade, na volatilidade e na ausência de compromissos.

Essa é a nova e principal base de dominação e o principal fator das divisões sociais e da fundação do direito do trabalho líquido (e descompromissado).

Na prática, isso significa menores regras e, acima de tudo, um mercado de trabalho flexível, ou seja, um direito do trabalho líquido e descompromissado, normatizado para garantir a desregulamentação e os contratos de curto prazo, precários, temporários, intermitentes e terceirizados.

A flexibilidade e a volatilidade são os *slogans* da pós-modernidade líquida, do capitalismo líquido e do direito do trabalho líquido.

A flexibilidade e a volatilidade anunciam empregos e contratos sem segurança, sem compromissos ou benefícios, oferecem apenas contratos a prazo fixo ou renováveis, esse é o Direito do Trabalho Líquido da Pós-Modernidade Líquida, do Capitalismo Líquido e da empresa camaleônica.

Na falta de segurança de longo prazo, a ´satisfação instantânea´ aparenta ser uma estratégia razoável.

As condições econômicas e sociais precárias treinam homens e mulheres a perceber o mundo como um contêiner cheio de objetos descartáveis – inclusive, os seres humanos.

E, assim, a política da precarização do direito do trabalho líquido e descompromissado conduzida pelos operadores de mercado de trabalho da pós-modernidade líquida e do hiperliberalismo acaba sendo apoiada e reforçada pelas políticas da vida, sejam elas adotadas deliberadamente ou apenas por falta de alternativas.

## I. A corrosão do caráter e do bem comum na sociedade da pós-modernidade líquida, do capitalismo líquido, do hiperliberalismo e do direito do trabalho líquido (e descompromissado)

A proposta do modo de trabalho ou do direito do trabalho líquido derivado do capitalismo líquido e hiperliberal está estruturada num patamar de rentabilidade e num ciclo de produção em que "não há longo prazo" para nada mais e, consequentemente, na flexibilidade, na volatilidade e na ausência de compromissos.

Contudo, graves e assustadoras são as consequências finais no plano pessoal do homem submetido a esse modo de trabalho, e a esse direito do trabalho líquido descompromissado (e, por isso, mesmo despótico demais para ser vivido como um direito) na medida em que acaba gerando uma humanidade doente.

As exigências da nova forma de sobreviver e desenvolver-se, na prática imposta pelo capitalismo líquido e hiperliberal e pelo direito do trabalho líquido, obrigou as pessoas a colocar "sua vida emocional, interior à deriva".[116]

E o que é mais triste, diante do "aspecto fugitivo de amizade e comunidade local" resta às pessoas buscar "nas comunicações eletrônicas o senso de comunidade".[117]

A "corrosão do caráter" é a constatação feita por Richard Sennett sobre as consequências pessoais do modo de trabalho definido pela proposta do capitalismo líquido e hiperliberal e pelo direito do trabalho líquido e descompromissado.

## II. Flexibilidade

As práticas da flexibilidade, embutidas na teoria do capitalismo líquido e hiperliberal e no direito do trabalho líquido, concentram-se nas forças que dobram as pessoas. [118]

---

(116) Sennett, *A corrosão*, p. 19-20.
(117) Sennett, *A corrosão*, p. 19-20.
(118) Sennett, *A corrosão*, p. 53.

O comportamento humano flexível e volátil, na perspectiva das empresas voláteis e camaleônicas e no direito do trabalho líquido e descompromissado, deve ter a mesma força tênsil das árvores. Deve estar pronto para ser adaptável às circunstâncias variáveis.[119]

Pode o mercado dar às pessoas alguma coisa semelhante à força tênsil de um árvore, para que os indivíduos não se partam sob a força da mudança?[120]

O estabelecimento do limite do tolerável da submissão do homem à produção flexível e volátil depende de como uma sociedade define o bem comum.[121]

### III. Da ausência de confiança, lealdade e compromisso mútuo

"Não há longo prazo", além de ser um dos lemas mais importantes na proposta do trabalho no direito do trabalho líquido, do capitalismo globalizado, líquido e hiperliberal, "é um princípio que corrói a confiança, a lealdade e o compromisso mútuo". [122]

Assim, em última instância, acaba sendo traduzido, no inconsciente da pessoas, pelo mote: "mudar, não se comprometer e não se sacrificar".[123]

Realmente, essa característica de caráter é introgetada na identidade das pessoas, por meio das práticas cotidianas presentes nas experiências de vida.

E, o que é pior, traduz-se no que se passa para os jovens da nossa sociedade pelo mercado, pela família e mesmo pelas universidades.[124]

Esse padrão de comportamento na experiência do trabalho gera um conflito interior insolúvel na vida emocional das pessoas, particularmente no que se pretende vivenciar numa vida em família, célula matriz da sociedade.

Não há a menor dúvida que o que se pretende numa relação de família é o estabelecimento de objetivos de longo prazo assegurados por laços de lealdade e de compromisso mútuo que dependem de relações estáveis para se consolidarem.

Ocorre que o comportamento que traz o sucesso ou mesmo, apenas, a sobrevivência no trabalho, termina por colonizar as relações familiares, que terminam sucumbindo à diretriz desse mundo de curto prazo.[125]

---

(119) Sennett, *A corrosão*, p. 53.
(120) Sennett, *A corrosão,* p. 61.
(121) Sennett, *A corrosão,* p. 63.
(122) Sennett, *A corrosão,* p. 24-25.
(123) Sennett, *A corrosão,* p. 24-25.
(124) Sennett, *A corrosão,* p. 25.
(125) Sennett, *A corrosão,* p. 27.

## IV. Ausência da rotina como fio da narrativa da vida pessoal

Esse conflito entre família e trabalho impõe algumas questões sobre a experiência adulta.

Como se podem buscar objetivos de longo prazo numa sociedade de curto prazo?

As condições de vida da nova economia alimentam, ao contrário, a experiência à deriva do tempo, de lugar em lugar, de emprego em emprego.

O capitalismo líquido com os contratos de curto prazo derivados do direito do trabalho líquido e descompromissado corrói o caráter do homem, sobretudo aquelas qualidades de caráter que ligam os seres humanos uns aos outros, e dão a cada um deles um senso de identidade sustentável.[126]

Assim, exatamente no oposto do sustentado pela teoria hiperliberal e pelo direito do trabalho líquido e descompromissado, tendo em vista as tensões impostas pela impossibilidade de se criar uma narrativa de vida, no sistema de produção que colocou o lado humano do homem à deriva ou em estado de suspensão no tempo, é que o tempo rotinizado se tornou uma conquista pessoal.[127]

Admitir uma vida de impulsos momentâneos, de ação de curto prazo, sem rotinas sustentáveis, uma vida sem hábito, é admitir uma existência irracional.[128]

Contudo, ao que parece, o capitalismo líquido e hiperliberal e a sua proposta de um direito do trabalho líquido e descompromissado pretender levar o homem a uma existência irracional, sem ao menos lhe permitir a exata percepção de como isso ocorreu.

Realmente, tudo isso é elaborado por meio de inteligente e sutil jogo de espelhos e máscaras, no qual está inserida a subordinação mais ilegível, porém, mais acentuada.

"O sistema de poder que se esconde nas modernas formas de flexibilidade consiste em três momentos: reinvenção descontínua de instituições, especialização flexível de produção e concentração de poder sem centralização.[129]

A reinvenção descontínua de instituições se traduz em técnicas específicas que pautam a atuação de administradores: programas de computador padronizam procedimentos operacionais (SIMS), de forma que, mesmo numa empresa muito grande, os administradores podem fiscalizar diretamente todas as célu-

---

(126) Sennett, *A corrosão*, p. 27.
(127) Sennett, *A corrosão*, p. 48.
(128) Sennett, *A corrosão*, p. 50.
(129) Sennett, *A corrosão*, p. 54.

las de trabalho e verificar o que estão produzindo, capacitando-os a eliminar de pronto as unidades repetitivas ou ineficientes.[130]

Esses mesmos programas de computador possibilitaram a administração empresarial avaliar quantitativamente quais programas ou empregados podem ser cortados, numa proposta de *'delayering'* (remover camadas), ou seja, de oferecer a um menor número de administradores controle sobre um maior número de subordinados.[131]

### V. Reengenharia e reinvenção descontínua das instituições e redução de empregos

A reinvenção descontínua de instituições nada mais é que outra designação ao processo de reengenharia, cujo fato mais destacado é a redução de empregos.[132]

A reengenharia significa "fazer mais com menos".[133]

Ocorre que essa palavra de ordem no novo capitalismo líquido e hiperliberal e na proposta do direito do trabalho líquido e descompromissado revelou-se uma falácia.

Só na vida de fantasia e no mundo nefelibata dos consultores, uma grande empresa camaleônica poderia, sem sofrer graves consequências e mesmos reveses improdutivos, continuar a incessantemente "definir um novo plano de negócios, enxurgar-se e replanejar-se e depois tocar em frente o novo projeto."[134]

Os motivos do fracasso desses incessantes planos de reengenharia são em parte evidentes por si mesmos: o moral e a motivação dos trabalhadores caíram acentuadamente nos vários arrochos de redução.[135]

O que é surpreendente e revelador da lógica irracional e autodestrutiva do novo capitalismo líquido e hiperliberal e do direito do trabalho líquido e descompromissado é que, mesmo após a constatação de que a demolição de organizações não era justificável em termos de produtividade, esse processo incessante se manteve.[136]

Isso porque, na verdade, o despedaçamento de empresas tornou-se uma operação lucrativa nos mercados financeiros e acionários, proporcionando "a

---

(130) Sennett, *A corrosão*, p. 56.
(131) Sennett, *A corrosão*, p. 56.
(132) Sennett, *A corrosão*, p. 56.
(133) Sennett, *A corrosão*, p. 56.
(134) Sennett, *A corrosão*, p. 57.
(135) Sennett, *A corrosão*, p. 57.
(136) Sennett, *A corrosão*, p. 58.

curto prazo" grandes retornos aos acionistas, que passaram a incentivar esse tipo de procedimento predatório.[137]

## VI. Autonomia, concentração e controle oculto

### 1. Concentração sem centralização

Outra característica do poder oculto na flexibilização é a denominada "concentração sem centralização".[138]

A concentração de poder sem centralização é uma das máscaras mais astuciosas da proposta do direito do trabalho líquido, em favor da nova organização do trabalho.

Nela aparentemente ocorre a descentralização do poder, o que, então, permitiria às pessoas nas categorias inferiores das empresas ter mais controle sobre suas atividades.[139]

"Certamente é uma afirmação falsa."[140]

Os novos sistemas de informação oferecem um quadro abrangente da organização aos altos administradores de uma forma que deixa aos indivíduos, em qualquer parte da rede, sem espaço para se esconder. E, ainda, os sistemas operacionais de controle informatizado substituem as negociações que poderiam proteger os indivíduos de lidar apenas com os superiores intermediários.

Há um enorme e maior continente de poder no "poder flexível e dissimulado."[141]

Dentro da máscara desse aspecto de poder, oculto na "concentração sem centralização", ainda, está o "flexitempo".[142]

O "flexitempo", como o trabalho temporário, de curto prazo, o teletrabalho, o *home-office*, o intermitente, embora parecendo promover maior liberdade que a do trabalhador atrelado à rotina da fábrica está, ao contrário, entretecido numa nova trama de controle. [143]

---

(137) Sennett, *A corrosão*, p. 58-59.
(138) Sennett, *A corrosão*, p. 64-65.
(139) Sennett, *A corrosão*, p. 63-65.
(140) Sennett, *A corrosão*, p. 63.
(141) Sennett, *A corrosão*, p. 64-65.
(142) Sennett, *A corrosão*, p. 64-65.
(143) Sennett, *A corrosão*, p. 67.

## 2. Flexitempo: trabalho intermitente, teletrabalho, *home-office*

É bom que se diga, logo, que a realidade do flexitempo não representa a possibilidade de o trabalhador ter antecipadamente um calendário de folgas, em que sabe o que esperar.

Também, não significa o total de número de horas semanais de trabalho que se estabelece para os empregados.[144]

O flexitempo criado pelo Direito do Trabalho Líquido e descompromissado é a nova estrutura de fiscalização, controle e de poder empresarial, ainda mais poderosa, sofisticada e invasiva da vida do trabalhador.

Para essa conclusão, é suficiente se verificar o que ocorre com o mais flexível dos flexitempo, o trabalho em casa (*home-office* e teletrabalho).

As empresas criaram um sofisticado sistema de controle para regular os processos de trabalho dos empregados que trabalham fora do escritório.

Exige-se que as pessoas telefonem regularmente para o escritório ou usam-se controles de intrarrede para monitorar o trabalhador ausente; os *e-mails* são frequentemente abertos pelos supervisores.[145]

"Um trabalhador em flexitempo controla o local do trabalho, mas não adquire maior controle sobre o processo do trabalho em si."[146]

Atualmente, vários estudos já indicam que a supervisão, fiscalização e controle do trabalho praticado com relação aos empregados é, na verdade, maior para os ausentes do escritório do que para os presentes.[147]

Os trabalhadores trocam uma forma de submissão ao poder – cara a cara – por outra, eletrônica.

A lógica métrica do tempo de Daniel Bell passou do relógio de ponto para a tela do computador. O trabalho é fisicamente descentralizado, o poder sobre o trabalhador, mais direto.[148]

---

(144) Sennett, *A corrosão*, p. 64-65.
(145) Sennett, *A corrosão*, p. 68.
(146) Sennett, *A corrosão*, p. 68.
(147) Sennett, *A corrosão*, p. 68.
(148) Sennett, *A corrosão*, p. 68.

## 3. A desorganização do tempo e a corrosão do caráter na nova ética do direito do trabalho líquido e descompromissado

Finalmente, inserida na máscara do aspecto de poder oculto na "concentração sem centralização" está "a pá de cal" na corrosão do caráter imposta pela nova ética do trabalho gerada pelo capitalismo líquido e hiperliberal e na perspectiva do direito do trabalho líquido e descompromissado.[149]

A desorganização do tempo, imposta por um capitalismo hiperliberal e por um direito do trabalho líquido cuja trajetória é continuamente alterada, na medida que sua lógica irracional é fundada no imediatismo do curto prazo, cria uma superficialidade na experiência de vida que é degradante para a humanidade das pessoas.

As pessoas sentem falta de relações humanas constantes e objetivos duráveis.[150]

Na ética do trabalho, do capitalismo social e do direito do trabalho compromissado, as pessoas tinham uma arena na qual podiam desenvolver uma experiência relacional com profundidade.

E é exatamente na arena do trabalho que, hoje, mais se contesta a profundidade da experiência humana.[151]

A tradicional ética do trabalho, do capitalismo social e do direito do trabalho compromissado, está estruturada no uso autodisciplinado do tempo e no valor da satisfação adiada.

A disciplina de tempo molda a vida das pessoas, que dão duro e esperam o tempo necessário para apreciar e alcançar o valor da satisfação almejada, realizando uma experiência de profundidade.[152]

Certamente, essa tradicional ética do trabalho, cuja seriedade impunha pesados fardos ao trabalhador, e assim moldava o caráter das pessoas num determinado sentido, depende de instituições e relações suficientemente estáveis para a pessoa praticar o adiamento.

---

(149) Sennett, *A corrosão*, p. 117.
(150) "À exceção de uma elite reduzida de globopolitanos (meio seres humanos, meio fluxos), as pessoas em todo o mundo se ressentem da perda do controle de suas próprias vidas, seu meio, seus empregos, suas economias, seus governos, seus países e, em última análise, sobre o destino do planeta." (Castells, Manuel. *O poder da identidade*, São Paulo: Paz e Terra, 2000, p. 93-94).
(151) Sennett, *A corrosão*, p. 117.
(152) Sennett, *A corrosão*, p. 117-118.

A satisfação adiada perde seu valor em instituições, empresas e relações que mudam rapidamente e sem cessar.[153]

Na situação de insegurança e medo do futuro, que flagela as pessoas na prática de vida imposta pelo capitalismo líquido, hiperliberal e na proposta do direito do trabalho líquido e descompromissado, torna-se ilógico e irracional trabalhar, arduamente, por muito tempo numa empresa e numa relação predestinada a terminar no curto prazo.[154]

## 4. A prática coletiva da superficialidade

A nova ética do trabalho da proposta do direito do trabalho líquido concentra seu foco de atuação no trabalho de equipe que serve à economia flexível e volátil.

O trabalho em equipe, realizado nessas condições de superficialidade das relações de curto prazo do capitalismo líquido, hiperliberal e na proposta do direito do trabalho líquido e descompromissado, se torna a prática de grupo da superficialidade degradante.

Para mascarar essa realidade degradante se criou, para o trabalho de equipe, no local de trabalho flexível, a figura dissimulada da metáfora esportiva.[155]

A nova máscara está contida na ordem aos administradores que parem de agir como chefes e ajam como "treinadores" de uma equipe, uma vez que, nesse papel/personagem podem fazer muito mais pelo empregador do que pelo empregado.[156]

A esperta instituição da figura do chefe, no personagem do treinador, permite manter o poder presente no trabalho em equipe. [157]

No entanto, a responsabilidade pelas consequências das decisões de poder, se diluem ou ficam ocultas e até "deixam de existir".

Se a "mudança" é o agente responsável, se todo mundo é 'vítima', o empresário/administrador deixa de ser responsável pelo ato qual despede as pessoas.[158]

---

(153) Sennett, *A corrosão*, p. 117-118.
(154) Sennett, *A corrosão*, p. 117-118.
(155) Sennett, *A corrosão*., p. 117.
(156) Sennett, *A corrosão*, p. 136.
(157) Sennett, *A corrosão*, p. 132.
(158) Sennett, *A corrosão*, p. 136.

## 5. O direito do trabalho líquido e descompromissado, irônico e cínico

A lógica da nova ética do trabalho na proposta do direito do trabalho líquido e descompromissado é, pois, fundada na ironia, no cinismo e na hipocrisia, que se utiliza de máscaras e da razão indolente impregnada no empregado flexível que aceita, resignadamente, a ideia de que "somos todos vítimas da época e do lugar'."[159]

Assim, a irônica ausência de responsabilidade deixa o empresário/administrador livre para mudar, adaptar, reorganizar, despedir.

E, assim, permite a liberdade de momento e de impulso, focada apenas no presente.

Tudo fundado dentro da perspectiva da proposta do direito do trabalho líquido na irônica e cínica mensagem subliminar de que a mudança é o agente responsável e essa não é uma pessoa.[160]

Melhor ainda, a irônica ocultação da figura do chefe, por meio da dissimulada postura de "treinador", permite uma maior dominação dos empregados, retirando-lhes capacidade de resistência, na medida em que as suas necessidades e desejos são deslegitimados em face das necessidades da equipe.[161]

Por conseguinte, a pressão dos colegas – da equipe – é que termina fazendo o trabalho que seria realizado com o desgaste e assunção das responsabilidades pelas consequências da decisão pelo empresário/administrador.[162]

## VII. Da superficialidade e da depressão e da dominação derivadas do direito do trabalho líquido

As ficções do trabalho em equipe, na proposta do direito do trabalho líquido e descompromissado, pela própria superficialidade do seu conteúdo e do seu foco no momento imediato, sua fuga à resistência e ao confronto, são assim úteis no exercício da dominação.[163]

---

(159) Sennett, *A corrosão*, p. 136. "O modelo predominante de trabalho na nova economia baseada na informação é o modelo de uma força de trabalho permanente formada por administradores que atuam com base na informação e por aqueles a quem Reich chama de analistas simbólicos e uma força de trabalho disponível que pode ser automatizada e/ou contratada/demitida/enviada para o exterior, dependendo da demanda do mercado e dos custos do trabalho. Além disso, a forma de organização permite a terceirização e a subcontratação como modos de ter o trabalho executado externamente em uma adaptação flexível às condições do mercado." (Castells, Manuel. *A sociedade em rede, op. cit.*, p. 292).
(160) Sennett, *A corrosão*, p. 136. "Entre as várias formas de flexibilidade: (...) salários, mobilidade geográfica, situação profissional, segurança contratual e desempenho de tarefas. Muitas vezes, todas essas formas são reunidas em uma estratégia voltada para os próprios interesses, visando apresentar como inevitável aquilo que, sem dúvida, é uma decisão empresarial ou política." (Castells, Manuel. *A sociedade em rede*, p. 293)
(161) Sennett, *A corrosão*, p. 136-137.
(162) Sennett, *A corrosão*, p. 136-137.
(163) Sennett, *A corrosão*, p. 137-138.

O resultado desse tipo de pressão ilegível e da superficialidade das experiências vividas é produzir pessoas extremamente oprimidas e deprimidas.

Em estudo realizado por Laurie Graham, foram encontradas pessoas oprimidas pela própria superficialidade da ficção do trabalho em equipe e pela pressão dos outros colegas da própria equipe de trabalho.[164]

A ficção de empregados cooperativos serve à implacável campanha das empresas por uma produtividade cada vez maior.[165]

A ficção de que trabalhadores e administração estão na mesma equipe também se mostrou útil no trato com o mundo exterior.

As empresas passam a usar dessa ficção de comunidade de trabalho para justificar e produzir resistência aos sindicatos operários.[166]

## VIII. Ausência de longo prazo e da ética do adiamento da satisfação em troca da futura gratificação

Compromisso, lealdade e confiança partilhados são qualidades da tradicional ética do trabalho (do direito do trabalho compromissado) – e que orientam a própria ética da vida pessoal dos seres humanos – que se consolidam em relações mais duradouras e que, por isso, exigem mais tempo.

Exatamente por isso, são incompatíveis com a realidade do "curto prazo" que pauta a experiência vivenciada no capitalismo líquido e hiperliberal e na perspectiva do direito do trabalho líquido e descompromissado.[167]

Na verdade, aquelas antigas qualidades éticas não interessam mais ao capitalismo líquido e hiperliberal e nem na perspectiva do direito do trabalho líquido (e descompromissado), porque ao tornarem a experiência de vida mais profunda, tornam as relações e as pessoas integrantes da "equipe" de trabalho mais resistentes à manipulação embutida nas máscaras de poder impostas pela flexibilização.[168]

---

(164) Sennett, *A corrosão*, p. 134-135.
(165) Sennett, *A corrosão*, p. 134-135.
(166) Sennett, *A corrosão*, p. 134-135.
(167) Sennett, *A corrosão*, p. 138.
(168) Sennett, *A corrosão*, p. 138.

## IX. A corrosão do caráter na sociedade da pós-modernidade líquida, do capitalismo líquido e hiperliberal e no direito do trabalho líquido e descompromissado

O problema que surge da superficialidade das experiências humanas, vivenciadas no fingimento contido no jogo de cena e de máscaras praticado no trabalho em equipe, do *ethos* do trabalho do capitalismo líquido, hiperliberal e do direito do trabalho líquido de prazo curto, é a corrosão do caráter do homem.[169]

O capitalismo líquido, hiperliberal e a proposta do direito do trabalho líquido e descompromissado propicia, assim, a formação de um novo tipo de caráter e de homem: em lugar do homem motivado e ético, surge o homem descompromissado, sem caráter, irônico, cínico e hipócrita.[170]

Porém, isso não é questão para o capitalismo resolver, mas sim, para a humanidade, a sociedade e a democracia resolverem.

---

(169) Sennett, *A corrosão*, p. 138.
(170) Sennett, *A corrosão*, p. 138.

# PARTE 14

# O DIREITO DO TRABALHO LÍQUIDO: INDIVIDUALIZADO, DESREGULADO E PRIVATIZADO E DA PERDA DE SIGNIFICADO DE VALOR CONTIDO NO TRABALHO

### I. O progresso individualizado – desregulado e privatizado

O progresso está privatizado porque a questão do aperfeiçoamento não é mais um empreendimento coletivo, mas individual. [171]

A tendência é o surgimento de formas e condições de existência individualizadas, que compelem as pessoas – para a sua própria sobrevivência material – a se tornarem o centro de seu próprio planejamento e condição de vida. [172]

### II. O trabalho mudou de caráter – a perda de significado de valor contido no trabalho

Dentre as virtudes que fizeram o trabalho ser elevado ao posto de principal valor dos tempos modernos, a sua capacidade de dar forma ao informe e duração ao transitório certamente está entre elas. [173]

Em decorrência dessa capacidade de dar forma ao informe e duração ao transitório foi atribuído ao trabalho um papel principal, mesmo decisivo, na moderna ambição de submeter, encilhar e colonizar o futuro, a fim de substituir o caos pela sequência de eventos.[174]

Ao trabalho foram atribuídos muitas virtudes e benefícios, como, por exemplo, o aumento da riqueza e a redução da desigualdade.

---

(171) Bauman, p. 170.
(172) Bauman, p. 170.
(173) Bauman, p. 170.
(174) Bauman, p. 170.

E subjacente a todos os méritos atribuídos ao trabalho estava sua suposta contribuição para o estabelecimento da ordem, para o ato histórico de colocar a espécie humana no comando de seu próprio destino. [175]

O trabalho era a atividade que supunha que a humanidade como um todo estava envolvida por seu destino e natureza, e não por escolha, ao fazer história.

E o trabalho assim definido era um esforço coletivo de que cada membro da espécie humana tinha que participar. [176]

Ocorre que a natureza outrora cumulativa e de longo prazo do progresso está cedendo lugar às demandas dirigidas a cada episódio em separado: o mérito de cada episódio deve ser revelado e consumido inteiramente antes mesmo que ele termine e que o próximo comece. [177]

Isto porque, numa vida guiada na perspectiva da pós-modernidade líquida, do capitalismo líquido e do direito do trabalho líquido e pautada pelo preceito da flexibilidade e da volatilidade, as estratégias e planos de vida só podem ser de curto prazo.

No direito do trabalho líquido e descompromissado, o trabalho escorregou do universo da construção da ordem e do controle do futuro em direção ao "reino dos jogos".

E assim o trabalho mudou de caráter. [178]

No Direito do Trabalho Líquido e descompromissado, a nova natureza do trabalho está separada do grande projeto de missão universalmente compartilhada da humanidade e do não menos grandioso projeto de uma vocação para toda uma vida.

No Direito do Trabalho Líquido e descompromissado, o trabalho perdeu a centralidade que se lhe atribuía dentre os valores dominantes.

No Direito do Trabalho Líquido, o trabalho não pode mais oferecer o eixo seguro em torno do qual envolver e fixar autodefinições, identidades e projetos de vida.

No Direito do Trabalho Líquido, o trabalho não tem como ser concebido como fundamento ético da sociedade, ou como eixo ético da vida individual.

Em vez disso, no direito do trabalho líquido e descompromissado, o trabalho adquiriu – ao lado de outras atividades da vida – uma significação principalmente estética. [179]

---

[175] Bauman, p. 170.
[176] Bauman, p. 170.
[177] Bauman, p. 170.
[178] Bauman, p. 170.
[179] Bauman, p. 175/176.

# PARTE 15

# O FANTASMA DA INUTILIDADE NO CAPITALISMO LÍQUIDO DA MODERNIDADE LÍQUIDA E DO DIREITO DO TRABALHO LÍQUIDO

### I. Pessoas inúteis e a perda do significado da existência humana no direito do trabalho líquido

Sentir-se útil significa contribuir com algo de importância para os outros.[180]

Alguém tem *status* de útil quando as instituições conferem-lhe legitimidade.

Ser útil enquadra-se nesse mesmo arcabouço, mais que fazer bem em caráter privado, é uma maneira de ser reconhecido publicamente.

As instituições de ponta e do direito do trabalho líquido tentam eximir-se das questões de autoridade e legitimidade – questões com as quais não sabem lidar.[181]

### II. Fenômenos e forças que carregam o fantasma da inutilidade da existência das pessoas

Em sua forma (pós) moderna e líquida, a sociedade das capacitações precisa apenas de uma quantidade relativamente pequena dos educados dotados de talento, especialmente, nos setores de ponta das altas finanças, da tecnologia avançada e dos serviços sofisticados.[182]

A máquina econômica pode ser capaz de funcionar de maneira eficiente e lucrativa contando, apenas, com uma elite cada vez menor.

---

(180) Bauman, p. 175.
(181) Sennett, *A cultura*, p. 175.
(182) Sennett, *A cultura*, p. 175.

São três as forças que configuram a pós-moderna ameaça do fantasma da inutilidade: a oferta global de mão de obra, a automação e a gestão do envelhecimento. [183]

## III. Oferta global de mão de obra barata e qualificada

Por conta da oferta global de mão de obra, o capitalismo vai em busca da mão de obra onde quer que ela seja mais barata e qualificada.

Ou seja, entra em funcionamento uma espécie de seleção cultural, de tal maneira que os empregos abandonam países de salários altos como os Estados Unidos e a Alemanha, mas, migram para economias de salários baixos dotadas de trabalhadores capacitados e às vezes mesmo superpreparados. [184]

Por exemplo, os trabalhadores indianos são mais bem educados e treinados que os empregados de *telemarketing* do Ocidente.

O fantasma da inutilidade se sobrepõe ao medo dos estrangeiros.

Isto porque, por baixo da camada de puro preconceito étnico ou racial, está impregnada a angústia de que os estrangeiros estejam mais bem equipados para tarefas de sobrevivência no capitalismo líquido da pós-modernidade líquida. [185]

Esta angústia tem fundamentação na realidade. [186]

## IV. Automação

O segundo fantasma da inutilidade da experiência humana passa por conta da automação. [187]

Na prestação de serviços, a automação transformou a ficção científica em realidade tecnológica.

Assim, os dispositivos inteligentes de ativação de voz - a ameaça automatizada aos serviços de *telemarketing* – ou os leitores de códigos de barra, que vêm revolucionando a contabilidade das empresas, a gestão de estoques e as operações de venda. [188]

---

(183) Sennett, *A cultura*, p. 175.
(184) Sennett, *A cultura*, p. 175.
(185) Sennett, *A cultura*, p. 175.
(186) Sennett, *A cultura*, p. 175.
(187) Sennett, *A cultura*, p. 175.
(188) Sennett, *A cultura*, p. 175.

Além disso, a eletrônica permite a automação do controle de qualidade – com a substituição do olho humano pelo maior rigor do sensor a laser.

Esses empregos não foram exportados; em sua maioria, foram substituídos por máquinas sofisticadas.

O que significa que os trabalhadores na pós-modernidade, finalmente, e, de fato, estão enfrentando o fantasma da inutilidade automatizada.

Tanto a migração planetária de empregos, quanto a automação constituem casos especiais que afetam a mão de obra. [189]

## V. O envelhecimento das pessoas

O envelhecimento determina uma área muito mais abrangente da inutilidade. [190]

A extinção das capacitações acelerou-se não só no trabalho de ordem técnica, mas, também, na medicina, na engenharia, no direito e em várias outras profissões.

Neste ponto, a economia do mercado de trabalho se intromete de forma particularmente destrutiva.

As forças do mercado continuam a fazer com que seja mais barato comprar nova capacitações do que pagar pelo treinamento. [191]

Como as empresas flexíveis e voláteis esperam que os empregados estejam sempre em movimento, e como essas firmas não recompensam serviços prestados e nem longevidade, a escolha do empregador é clara.

Nas empresas que, efetivamente, abandonam as estruturas do capitalismo social, a consequência pessoal de privilegiar o talento jovem está em que, à medida que aumenta a experiência, ela perde o valor.

A extinção das capacitações é uma característica permanente do avanço tecnológico.

A automação é indiferente à experiência. [192]

---

(189) Sennett, *A cultura*, p. 175.
(190) Sennett, *A cultura*, p. 175.
(191) Sennett, *A cultura*, p. 175.
(192) Sennett, *A cultura*, p. 84/94.

# PARTE 16

# O REEXAME DO SURGIMENTO DO DIREITO DO TRABALHO COMO DIREITO EMANCIPATÓRIO E CIVILIZATÓRIO E DE GARANTIA DA DEMOCRACIA, EM FACE DO PRINCÍPIO DO MERCADO DIANTE DA PROPOSTA DO DIREITO DO TRABALHO LÍQUIDO, DA PREVALÊNCIA DO NEGOCIADO SOBRE O LEGISLADO E MESMO DO HIPERINDIVIDUALISMO

## I. O direito no espaço da produção

O direito da produção é estabelecido a partir e para ter vigência no espaço da empresa, constituindo-se no conjunto de regulamentos e padrões normativos que organizam o quotidiano das relações do trabalho assalariado (relações de produção, códigos de conduta dos empregados, etc.).[193]

O direito da produção pode ser imposto, unilateralmente, pelo empregador e, também, pode resultar de negociações com os sindicatos dos trabalhadores.[194]

"Em qualquer caso, porém, é marcado pelas prerrogativas de poder inerentes a quem detém a propriedade e os meios de produção."[195]

O seu despotismo torna-o excessivo como direito: é demasiado despótico para ser vivido como direito.[196]

## II. O direito no espaço da cidadania

O direito produzido nos quadrantes do espaço da cidadania, com a superação da dicotomia sociedade civil e Estado, permitindo àquela a interferência no espaço

---

[193] Boaventura, A Crítica, p. 296.
[194] Boaventura, p. 296. "Richard (...) adverte contra o conceito da ordem concreta da comunidade empresarial desenvolvido durante o fascismo."
[195] Boaventura, p. 296.
[196] Boaventura, p. 296.

da produção a que não se tinha acesso por resistência do poder econômico, é uma forma de garantir emancipação social em face do mercado. [197]

O princípio do primado do direito estatal produzido, numa sociedade democrática, garante a proteção da parte mais vulnerável contra decisões arbitrárias do poder econômico. [198]

Fundamental, ainda, que as normas que dele decorrem sejam aplicadas por agentes profissionalizados, preparados para separar o que é político do que é jurídico e decidir com imparcialidade.[199]

### III. O direito do trabalho: rearranjo emancipatório a partir do espaço da cidadania

À medida que o capitalismo se converteu no modelo exclusivo de desenvolvimento das sociedades modernas teria, necessariamente, de gerar no espaço da produção relações sociais despóticas.[200]

Por isso, os direitos trabalhistas "foram traduzidos para o direito estatal, numa forma de juridicidade baseada em direitos gerais e universais. Dada a sua separação institucional do espaço da produção, os direitos são prerrogativas relativamente estáveis, que não estão estritamente ligadas às flutuações do ciclo econômico."[201]

Já os interesses são definidos pela racionalidade da maximização do lucro, são prerrogativas precárias, estritamente ligadas às flutuações da produção e tão instáveis como ela própria.[202]

### IV. Direito de interesse social e ordem pública por não prescindir de uma base social ética na medida que tem como objeto o próprio homem

O direito do trabalho, ao tutelar uma relação que tem o homem como seu objeto, deve estar impregnado de base social-ética.

Por definição, o direito do trabalho é o conjunto de princípios, normas e instituições aplicáveis à relação de trabalho e a situações assemelhadas, tendo

---

(197) Boaventura, p. 315.
(198) Boaventura, p. 315.
(199) Boaventura, p. 315.
(200) Boaventura, p. 315.
(201) Boaventura, p. 318.
(202) Boaventura, p. 319.

por objeto a melhoria da condição social do trabalhador a ser realizada por meio de normas protetoras. [203]

O direito como fenômeno cultural não prescinde de valores, daí a finalidade do direito do trabalho é de assegurar a melhoria da condição social do trabalhador, aliás, o princípio protetor é o seu princípio fundamental. [204]

O verdadeiro direito trabalhista considera que o objeto do contrato é uma pessoa (o trabalho humano), e, assim, impõe uma relação entre dois sujeitos e não entre sujeito e objeto.

Logo, os direitos trabalhistas são emancipatórios da sociedade em face do mercado, e, portanto, ponto central do sistema de tutela do ser humano na pós-modernidade (sólida ou líquida).

## V. O triunfo da reforma sobre a revolução: o capitalismo social

A criação do Estado Democrático do Bem-Estar Social representou um compromisso histórico entre a burguesia capitalista e os trabalhadores.

O compromisso histórico do período do capitalismo sólido ou organizado resultou num pacto social entre capital e trabalho, sob a égide do Estado, que viabilizou e compatibilizou a vigência da sociedade de classes, a economia capitalista e o regime democrático, a partir de medidas que garantiam não apenas a democracia política como a democracia social, mediante de uma forma política nova: o Estado do Bem-Estar Social.[205]

Este compromisso histórico decorreu da percepção que uma sociedade não pode se manter unida sem um critério de justiça distributiva.[206]

Já se disse muita vezes que a política keynesiana foi uma tentativa de salvar o capitalismo sem sair da democracia, contra duas opostas soluções de abater o capitalismo sacrificando a democracia (a prática leninista) e de abater a democracia para salvar o capitalismo (o fascismo). [207]

O compromisso entre os trabalhadores e a classe dominante, de maior democracia social e manutenção do regime capitalista, significou o triunfo do reformismo sobre a revolução, com a transformação dos partidos socialistas em partidos social-democráticos.[208]

---

(203) Magano, Octavio Bueno. *Manual de Direito do Trabalho*, Parte Geral. 2. ed. São Paulo: LTr, 1980. p. 50/52.
(204) Magano, p. 50/52.
(205) Boaventura, p. 148.
(206) Bobbio, Noberto. *O futuro da democracia*, p. 126.
(207) Bobbio, p. 139.
(208) Boaventura, p. 149.

Nesse sentido, solidariedade, justiça e igualdade podem ser compatíveis com a autonomia, identidade e liberdade. [209]

## VI. Direitos emancipatórios em face do princípio do mercado

As constituições ultrapassaram a concepção estática de um Estado burocrático e de um sistema político apertadamente definido, para se adotar uma concepção dinâmica na qual foram transformadas em esfera e no terreno de intermediação e negociação entre interesses e valores sociais conflitantes.[210]

O resultado mais sintomático desta evolução foi o reconhecimento do entrelaçamento das liberdades individuais e das liberdades políticas, derrubando as divisas demarcatórias traçadas pelo liberalismo entre direitos do homem e direitos do cidadão. [211]

E, como consequência o reconhecimento dos direitos socioeconômicos como categoria integrante dos direitos humanos: a terceira geração dos direitos humanos, de cujo reconhecimento o capitalismo líquido, o hiperliberalismo e o direito do trabalho líquido pretendem se desconectar ou se descomprometer.[212]

---

(209) Boaventura, p. 149.
(210) Boaventura, p. 149.
(211) Comparato, p. 462-463.
(212) Boaventura, p. 149.

# PARTE 17

## O COMPROMISSO COM O TRABALHO BEM FEITO (COM A PERÍCIA) INEXISTENTE NA LÓGICA DO CAPITALISMO LÍQUIDO, DO DIREITO DO TRABALHO LÍQUIDO E DA (PÓS) MODERNIDADE LÍQUIDA

### I. A perda da utilidade da perícia e da aptidão e do pensamento profundo no direito do trabalho líquido e no capitalismo líquido da (pós) modernidade líquida

Entendida de forma genérica, a perícia significa o desejo de fazer alguma coisa bem feita por si mesma. [213]

Todo ser humano aspira à satisfação de fazer algo bem feito e quer acreditar naquilo que faz.

Apesar disso, no trabalho, na educação e na política a nova ordem não satisfaz esse desejo e não pode satisfazê-la. [214]

O novo mundo do trabalho é por demais móvel, flexível e volátil para que o desejo de fazer algo bem feito possa enraizar-se na experiência de uma pessoa ao longo de anos ou décadas.

O sistema educacional da pós-modernidade líquida que treina as pessoas para o trabalho móvel, flexível e volátil favorece a facilidade, às custas do aprofundamento.

O reformador político imitando a cultura de ponta das empresas privadas, comporta-se como um consumidor, eternamente, em busca do novo em contraste com o trabalhador orgulhoso e possessivo em relação ao que faz.

Apesar disso tudo, a perícia tem uma virtude cardeal que falta ao trabalhador, estudante ou cidadão idealizado da nova cultura e no direito do trabalho líquido: o compromisso.

---

(213) Sennett, *A cultura*, p. 178/180.
(214) Sennett, *A cultura*, p. 178/180.

A perícia é o fenômeno que mais desafia a hiperindividualidade idealizada pressuposta pelas novas instituições do trabalho, da educação e da política. [215]

Não é apenas que o trabalhador obcecado e competitivo pode estar comprometido em fazer alguma coisa bem feita, e, sim, que acredita em seu valor objetivo. [216]

Alguém só usará a palavra correto e bom para elogiar a maneira como algo foi feito se acreditar num padrão objetivo exterior a seus próprios desejos, e mesmo exterior à esfera das recompensas que partam dos outros. [217]

O compromisso está em oferta cada vez mais escassa no novo capitalismo líquido e no direito do trabalho líquido, como lealdade institucional.

O sentimento seria irracional, no direito do trabalho líquido: como o trabalhador poderia se comprometer com uma empresa que não está comprometida com ele?

A ´cultura´ que vem emergindo no capitalismo líquido e no direito do trabalho líquido exerce sobre os indivíduos uma enorme pressão para que não percam oportunidades.

Assim, resta o paradoxo: mergulhar o mais fundo possível num modo de vida superficial, numa cultura emergente que repudia o esforço e o compromisso corporificados na perícia (no trabalho bem feito). [218]

Como as pessoas só podem sentir-se bem ancoradas na vida tentando fazer algo bem feito só para fazê-lo, o triunfo da superficialidade no trabalho, nas escolas e na política parece ser bastante duvidoso.

É de se esperar que a revolta contra essa cultura debilitada e contra o direito do trabalho líquido seja a próxima página que vamos ver. [219]

## II. Direito do trabalho e garantia de uma narrativa de vida – a perda do fio da narrativa da vida no direito do trabalho líquido

As empresas de ponta, na lógica do capitalismo líquido e no paradigma do direito do trabalho líquido atuando em contextos temporais curtos e incertos, privam os indivíduos do sentido do movimento narrativo. [220]

---

(215) Sennett, *A cultura*, p. 178/180.
(216) Sennett, *A cultura*, p. 178/180.
(217) Sennett, *A cultura*, p. 178/180.
(218) Sennett, *A cultura*, p. 178/180.
(219) Sennett, *A cultura*, p. 178/180.
(220) Sennett, *A cultura*, p. 178/180.

Movimento narrativo que significa que os acontecimentos projetados no tempo se conectam, que a experiência se acumula.

As empresas flexíveis derivadas do capitalismo líquido e do direito do trabalho líquido que operam no curto prazo não proporcionam continuidade e sustentabilidade aos trabalhadores, perdendo a possibilidade de o trabalho tecer o fio da narrativa da experiência de vida da pessoa ao longo do tempo, impossibilitando os meios de planejar a longo prazo a própria vida pessoal.[221]

De fato, nesse modelo de capitalismo líquido e do direito do trabalho líquido a insegurança não é apenas uma consequência indesejada das convulsões do mercado, estando na verdade programada no novo modelo institucional da (pós) modernidade líquida e do direito do trabalho líquido.[222]

Ou seja, a insegurança não acontece a um novo estilo de trabalho, ela é ativada por esse modelo de trabalho derivado do direito do trabalho líquido.

### III. O fim do crédito e as consequências para o comércio, industria, construção civil e bancos

As propostas advindas do paradigma derivadas da pós-modernidade líquida, do capitalismo líquido e do direito do trabalho líquido não levam em conta a possibilidade da ruptura do sistema de crédito e do comércio decorrente da precarização das relações formais, dos contratos de terceirização, intermitentes, de curto prazo e sem responsabilidade empresarial.

A proposta do direito do trabalho líquido não considera que a grande porcentagem de empregados com contratos de trabalho por prazo indeterminado e de longo prazo será substituída por contratos em caráter provisório, acelerando a rotatividade da mão de obra.

A rotatividade da mão de obra gera maior desemprego e a perda do interesse das empresas em investir na reciclagem e treinamento profissional, porque os trabalhadores serão transitórios não valendo a pena investimentos em contratos de curto prazo.

Os contratos derivados do direito do trabalho líquido, ou seja, de curto prazo, perdem o crédito, também, diante do comércio, da construção civil e dos bancos.

O comércio certamente negará crédito para a venda a prazo para quem só tem contrato de curto prazo, com o que reduzirá o consumo e, em consequência, a produção de bens destinados ao consumo interno.

---

(221) Sennett, *A cultura*, p. 172/173.
(222) Sennett, *A cultura*, p. 172/173.

Nenhuma construtora e banco financiarão a compra da casa própria para quem não tem holerite para apresentar, ou melhor, para quem não tem um contrato de trabalho durável ou que não seja precário, temporário, terceirizado, intermitente ou de curto prazo.

Se bem que os bancos têm pouco interesse já que têm num cliente cativo – o Estado Brasileiro e sua dívida pública a ser financiada pelos bancos – que consome praticamente todo o crédito sem problema maior de análise de risco.

Aliás, o maior custo da produção e da atividade empresarial, para construção de infraestrutura e tudo mais que é necessário a se construir um país decente, certamente, não é da mão de obra, e, nem mesmo dos impostos, mas, é o custo do dinheiro cobrado pelos sistema financeiro que inviabiliza qualquer atividade produtiva.

## PARTE 18

# A CONTRAPROPOSTA DE RESPOSTA AO DIREITO DO TRABALHO LÍQUIDO E AO CAPITALISMO LÍQUIDO DA (PÓS) MODERNIDADE LÍQUIDA

### I. Devemos caminhar todos juntos

As propostas advindas do paradigma da pós-modernidade, atualmente, estão presas na armadilha hiperliberal imposta pelo pensamento único (*"there is no alternative"*) derivado da pós-modernidade líquida, do capitalismo líquido e do direito do trabalho líquido.

As propostas oriundas do paradigma da pós-modernidade formuladas pelo hiperliberalismo e pelo direito do trabalho líquido são sempre incompletas ou inoperantes, no que diz respeito à emancipação social. Isso é óbvio, posto que nenhuma delas tem interesse na emancipação social.

Ao não se traduzirem em emancipação social, as sofismáticas e "únicas" propostas do modelo de pensamento "único" da pós-modernidade líquida, oficializado pelo hiperliberalismo e pelo direito do trabalho líquido não geram soluções reais, mas, apenas agravam a crise de funcionalidade do sistema e aumentam a crise social, posto que inexoravelmente levam a mais exclusão social.

E, ainda pior, produzem uma resignação desesperançosa na sociedade, ao gerar frustrações e um ciclo vicioso de quebra de expectativas, ao terminar sempre no ponto de retorno do "labirinto sem saída", no qual se encontram as propostas hiperliberais do capitalismo líquido e do direito do trabalho líquido.

Isso porque as propostas hiperliberais, como o direito do trabalho líquido, são subprodutos do modelo da pós-modernidade líquida e do capitalismo líquido proveniente do princípio da exclusividade do mercado.

Portanto, o direito do trabalho líquido (e descompromissado) e seus sub-produtos são impostos não pela ótica de pensamento de emancipação social dos trabalhadores, mas sim, pelo modelo hiperliberal daqueles que detêm o poder econômico.

As propostas de pensamento adequadas à ótica da sociedade e dos trabalhadores, para gerar emancipação social em face do mercado, têm de ser, necessária e inevitavelmente, disfuncionais do modelo de pensamento da pós-modernidade líquida e do direito do trabalho líquido e descompromissado criado para reproduzir e garantir os interesses do mercado, numa sociedade em que os trabalhadores não dominam nem política e nem ideologicamente.

Diante da constatação das distorções pós-modernas praticadas pelo mercado em face do trabalhador precarizado e as distorções perversas e prejudiciais produzidas por esse tipo de atividade, largamente utilizada pelo setor formal e informal, sobre o direito do trabalho tradicional, podem se apresentar algumas soluções antagônicas.

Assim, a lei protecionista trabalhista, ao invés de ser retirada dos empregados formais – como ocorre na proposta do direito do trabalho líquido - ficando esses praticamente com os mesmo direitos que os informais, ou seja, sem direitos e sujeitos à negociação direta ou coletiva - já inadequada - com o empregador (na verdade, com o capital financeiro/acionistas/debenturista que controlam as empresas) -, deveria ser estendida para proteção de todos os trabalhadores terceirizados, temporários, precários, avulsos, intermitentes, parassubordinados que se encontrassem em situação de dependência e sujeição social.

Portanto, não apenas os direitos trabalhistas legais seriam a eles estendidos, mas também o seu enquadramento sindical no âmbito de negociação coletiva das categorias profissionais e econômicas correspondentes – que teriam uma conceituação nova e ampliada.

Com isso, os sindicatos voltariam a ganhar poder de barganha nas negociações na pós-modernidade líquida, já que, atualmente, estão na encruzilhada do labirinto do modelo de pensamento da modernidade líquida e hiperliberal, que lhes deu apenas a falsa "opção" da defesa do emprego, em troca da perda da emancipação social obtida durante o período do capitalismo social e do direito do trabalho compromissado.

Os sindicatos deveriam perceber que não deveriam se bater contra os trabalhadores imigrantes e informais, na defesa dos trabalhadores formais, mas, ao contrário, deveriam agregá-los na luta dos direitos trabalhistas.

A extensão legal, na pauta de representação das entidades sindicais, da defesa dos trabalhadores terceirizados, temporários, avulsos, precários e parassubordinados dependentes, com todos eles juntos no mesmo sindicato, com a inclusão de cláusulas especiais com maiores encargos materiais a serem aplicados aos contratos de trabalho dos trabalhadores que laboram na informalidade ou sob situação de terceirização e mesmo a defesa dos imigrantes ilegais é uma proposta que engrossa as fileiras da filiação sindical e aumenta exponencialmente a condição de luta das entidades sindicais. [223]

Ao que tudo indica, a melhor estratégia de enfrentamento reside no caráter emancipatório da lutas sociais em seu conjunto, "é o conjunto que faz delas uma proposta alternativa ao hiperliberalismo", por meio do exercício da democracia e da utilização do caráter "revolucionário" do direito, já que "o importante é irmos juntos".[224]

---

(223) Santos, Boaventura de Souza. O novo milênio político. *Folha de S. Paulo*. São Paulo: 10 abr. 2001.
(224) Boaventura, *O novo milênio*.

# PARTE 19

## OS FUNDAMENTOS DE NATUREZA JURÍDICO-FILOSÓFICA PARA CONFIGURAÇÃO DE DIREITO DE INTERESSE SOCIAL E ORDEM PÚBLICA POR NÃO PRESCINDIR DE UMA BASE SOCIAL ÉTICA NA MEDIDA QUE TEM COMO OBJETO O PRÓPRIO HOMEM

Os Direitos Trabalhistas são categoria integrante dos Direitos Humanos, são especialmente talhados para cuidar do próprio ser humano, bem diferente dos direitos das coisas ou das obrigações pura e simplesmente patrimoniais.

O capitalismo líquido e o direito do trabalho líquido e descompromissado "enxerga na relação de trabalho tão somente a troca de dois patrimônios considerados de igual valor, trabalho e salário, não compreendendo, por conseguinte, que trabalho não é um patrimônio como outro qualquer, mas, nada menos que o homem todo, e configurando a relação de trabalho como se a força de trabalho fosse uma coisa e não um homem".[225]

O sistema da liberdade contratual derivado do capitalismo líquido, do hiperliberalismo e do direito do trabalho líquido estabelece relações entre empregador e empregado, sem qualquer base social-ética, tratando-as, tão somente, como se fossem obrigações puramente contratuais.

E essa característica do sistema da liberdade contratual do direito do trabalho líquido e descompromissado torna-o excessivo como direito, torna-o demasiado despótico para ser vivido como direito.

"É tarefa do direito trabalhista valorizar o direito humano do trabalhador no patamar da liberdade pessoal de configurar a relação de trabalho; mais uma vez, como uma relação de direito da pessoa."[226]

"Do ponto de vista do conhecimento emancipatório, a distinção entre sujeito e objecto é um ponto de partida e nunca um ponto de chegada. Corresponde ao momento da ignorância, ou colonialismo, que é nada mais nada menos do que a incapacidade de estabelecer relação com o outro a não ser transformando-o em objeto."[227]

---

(225) Radbruch, Gustav. *Introdução à Ciência do Direito*. São Paulo: Martins Fontes, 1999. p. 99.
(226) Radbruch, *Introdução*, p. 99.
(227) Boaventura, *A crítica*, p. 83.

"O saber enquanto solidariedade visa substituir o objecto para o sujeito pela reciprocidade entre sujeitos."[228]

O mercado, particularmente, na pós-modernidade líquida, no capitalismo líquido e no seu subproduto que é o direito do trabalho líquido considera as relações econômicas sob o aspecto da produtividade político-econômica, sem nenhum interesse ou preocupação sobre base social-ética em que se assentam as obrigações contratuais.

O direito do trabalho, ao tutelar uma relação que tem homens como seu objeto, deve estar impregnado de base social-ética, incompatível com a lógica do capitalismo líquido e hiperliberal e com a proposta derivada do direito do trabalho líquido e descompromissado.

Por isso, o (verdadeiro) direito do trabalho compromissado, assim como o direito do consumidor e do meio ambiente, são direitos (pós-modernos, e, assim) emancipatórios da sociedade (pós-moderna) em face do mercado e do capitalismo líquido derivado da pós-modernidade.

---

[228] Boaventura, *A crítica*, p. 83.

# 1ª CONCLUSÃO GERAL

## O DIREITO DO TRABALHO DO SÉCULO NOVO, DA (PÓS) MODERNIDADE LÍQUIDA E DO CAPITALISMO LÍQUIDO: DIREITO COMPROMISSADO COM A EMANCIPAÇÃO SOCIAL E COM A GARANTIA DE UMA NARRATIVA DE VIDA

### I. Emancipação social: distribuição e capacitação

Distribuição e capacitação constituem, assim, as duas faces da emancipação: sem mudanças na distribuição, não haverá mudanças na capacitação.[229]

O (verdadeiro) direito do trabalho compromissado possibilita distribuição e capacitação aos trabalhadores numa sociedade em que não dominam, nem política e nem ideologicamente.

Os verdadeiros direitos trabalhistas traduzem-se, assim, numa regulação social com vistas a objetivos emancipatórios, à procura de uma nova ética política e social ajustada aos ideais de igualdade/distribuição, que possibilitem capacitação/emancipação.

### II. Direito do trabalho e emancipação social em face do mercado

Como já foi dito, o verdadeiro direito do trabalho compromissado, assim como o direito do consumidor e do meio ambiente, são direitos emancipatórios da sociedade em face do mercado.

O mercado, particularmente na pós-modernidade líquida, no capitalismo líqujdo e no hiperliberalismo, precisa de uma estrutura politicamente regulamentada.

Os mesmos princípios do modelo do direito do consumidor e do direito ambiental também devem se aplicar às relações de trabalho, de acordo com a responsabilidade social.

---

(229) Boaventura, *A crítica*, p. 271.

De fato, na pós-modernidade líquida e no capitalismo líquido e financeiro, o sistema de empresas globais capturou a quase totalidade da estrutura produtiva avançada, conseguiu devorar boa parte das empresas periféricas, governa o comércio e as comunicações e converteu a especulação financeira no centro de sua dinâmica de negócios.[230]

Os iniciais motivos inspiradores das tutelas de proteção à pessoa do empregado decorreram da consciência da caraterística de sua subordinação.

Essa característica essencial – a subordinação e a vulnerabilidade jurídica, técnica e econômica, atualmente, se acentuou na pós-modernidade e no capitalismo líquido face à globalização empresarial e do mercado, impondo ao direito do trabalho a continuidade de sua tarefa e função política, jurídica e social de proteger totalmente o empregado, a partir do contrato de trabalho.

Realmente, a justiça das soluções obtidas por acordo (pre)supõe – algo impossível e inexistente na pós-modernidade líquida e no capitalismo líquido, ou seja - que as partes concertantes têm um idêntico poder negocial, que os pontos de vista de uma (*v. g.* dos consumidores e dos trabalhadores) não serão naturalmente esmagados pelos das outras (*v. g.*, das grandes empresas ou dos patrões).[231]

Repita-se, o sistema da liberdade contratual derivado do capitalismo líquido, do hiperliberalismo e do direito do trabalho líquido estabelece relações entre empregador e empregado, sem qualquer base social-ética, tratando-as, tão somente, como se fossem obrigações puramente contratuais.

E, insista-se, essa característica do sistema da liberdade contratual do direito do trabalho líquido e descompromissado torna-o excessivo como direito, torna-o demasiado despótico para ser vivido como direito.

Por isso, na pós-modernidade líquida, no capitalismo líquido e no seu subproduto, o direito do trabalho líquido e descompromissado, a livre contratação das normas de conduta, a partir do âmbito das empresas prevalecendo sobre a lei (o negociado sobre o legislado) conduz a um férreo domínio dos mais fortes sobre os mais fracos.

### III. Mercado e nação

Não é apenas nas empresas e no mercado que se decide sobre a modernização da sociedade.

Não são apenas os parâmetros da rentabilidade empresarial e dos mercados acionários e financeiros que definem a modernização, o progresso e o sucesso da sociedade.

---

(230) Beinstein, Jorge, *Capitalismo*, p. 56.
(231) Hespanha, *Panorama histórico*, p. 231.

Ignorar os aspectos sociais da espécie humana é admitir um mundo para uma espécie humana que não existe.[232]

É essencial que a modernização da sociedade seja feita à luz de critérios de emancipação social e não apenas de acordo com o parâmetro da rentabilidade do capitalismo líquido e hiperliberal e no seu subproduto, o direito do trabalho líquido e descompromissado.

O capitalismo líquido e hiperliberal e o direito do trabalho líquido trocam a dignidade do homem e a possibilidade de ser nação pelo mercado: "troca algo de grande valor social por um lucro imediato e de curto prazo."[233]

Realmente, o mercado não tem como assegurar a liberdade, a igualdade e a fraternidade.

Que são os bens de maior valor e que fundamentam a própria reunião do homem em sociedade e dão sentido à existência da própria humanidade, viabilizando a criação de uma verdadeira nação.[234]

A imposição de padrões éticos externos de comportamento à atividade empresarial, inclusive pela pressão da sociedade civil que, em última instância, se reproduz no mercado consumidor, pode gerar reforma interna, induzindo a atividade capitalista a observar um quadro definido pela democracia – que se traduz em inclusão social, a partir do mote: "como você deve ser aqui, onde você está, neste momento".[235]

### IV. A função do direito do trabalho (e da justiça do trabalho) na pós-modernidade líquida e no capitalismo líquido: continua como paradigma disfuncional além do tempo e como direito da pós-modernidade a garantir a proteção do ser humano

Na verdade, existem "aquisições ético-jurídicas irreversíveis da humanidade, ligadas, nomeadamente, a uma progressiva revelação da dignidade humana."[236]

"O princípio da democracia econômica e social constitui uma autorização constitucional no sentido de o legislador democrático e os outros órgãos encarregados da concretização político-constitucional adoptarem as medidas

---

(232) Thurow, *O futuro do capitalismo*, p. 355.
(233) Hobsbawm, Eric, *O novo século*, p. 112.
(234) Comparato, Fábio Konder. *A afirmação histórica dos direitos humanos*. São Paulo: Saraiva, 2001. p. 457-462.
(235) Sennett, *A corrosão*, p. 164.
(236) Ernest Block *apud* Hespanha, p. 239.

necessárias para a evolução da ordem constitucional sob a óptica de uma justiça constitucional nas vestes de uma justiça social."[237]

"O princípio da democracia econômica e social aponta para a proibição de retrocesso social."[238]

Como já foi dito, os direitos sociais, englobando o direito ao trabalho, passaram a ser reconhecidos como direitos humanos.[239]

E, como tal, com relação a esses direitos se faz imperativo observar os princípios estruturais agregados aos direitos humanos, que são da irrevogabilidade e da complementaridade solidária.[240]

A ideia aqui expressa também tem sido designada como proibição de 'contrarrevolução' ou da 'evolução reacionária'. [241]

Com isso quer dizer que os direitos sociais e econômicos (ex: direitos dos trabalhadores), uma vez alcançados ou conquistados passam a constituir, simultaneamente, uma garantia institucional e um direito subjetivo. [242]

Essa proibição justificará a sanção de inconstitucionalidade diante da Constituição, ou mesmo a injuridicidade direta em face das normas, instituições e princípios que compõem e regem o específico e especial microssistema trabalhista de proteção laboral relativamente a normas manifestamente aniquiladoras das chamadas conquistas sociais. [243]

---

[237] Canotilho, J. J. Gomes. *Direito constitucional*. Coimbra: Almedina, 1991. p. 474.
[238] Canotilho, *Direito*, p. 474.
[239] Comparato, *A afirmação*, p. 62.
[240] Comparato, *A afirmação*, p. 63.
[241] Comparato, *A afirmação*, p. 65.
[242] Comparato, *A afirmação*, p. 64.
[243] Canotilho, *Direito*, p. 475.

# 2ª CONCLUSÃO GERAL

## O TERCEIRO E NOVO COMPROMISSO HISTÓRICO ENTRE CAPITAL E O SER HUMANO NA PÓS-MODERNIDADE LÍQUIDA QUE PERMITA QUE OS HOMENS NÃO SE ESQUEÇAM QUE TUDO DEPENDE DE COMO SÃO TRATADOS OS SERES HUMANOS

### I. A boa resolução do conflito entre capital/economia e do direito do trabalho no capitalismo líquido da pós-modernidade líquida

Na perspectiva da pós-modernidade líquida, do capitalismo líquido e do direito do trabalho líquido: o curto prazo substituiu o longo prazo e fez da instantaneidade seu ideal último.

Na perspectiva da pós-modernidade líquida, do capitalismo líquido e do direito do trabalho líquido (e descompromissado), a durabilidade perde sua atração e passa de um recurso a risco.

Na perspectiva da pós-modernidade líquida, do capitalismo líquido e do direito do trabalho líquido, a passagem do capitalismo pesado ao leve, da modernidade sólida à líquida e fluída, pode vir a ser um ponto de inflexão mais radical e rico que o advento mesmo do capitalismo e da modernidade, vistos anteriormente como os marcos cruciais da história humana. [244]

De fato, em toda a história humana o trabalho da cultura consistiu em peneirar e sedimentar as sementes de perpetuidade a partir de transitórias vidas humanas e de ações ou trabalhos humanos, em invocar a duração a partir da transitoriedade, a continuidade a partir da descontinuidade, e, assim, transcender os limites impostos pela mortalidade humana, utilizando o trabalho de homens e mulheres mortais a serviço da espécie humana imortal. [245]

Na perspectiva da pós-modernidade líquida, do capitalismo líquido e do direito do trabalho líquido, a demanda por esse tipo de trabalho está diminuindo hoje em dia.

---

(244) Bauman, p. 161/162.
(245) Bauman, p. 161/162.

As consequências dessa demanda em queda estão para ser vistas e são difíceis de visualizar de antemão, pois não há precedentes a lembrar ou em que se apoiar. [246]

Na perspectiva da pós-modernidade líquida, do capitalismo líquido e do direito do trabalho líquido, a nova instantaneidade do tempo muda radicalmente a modalidade do convívio humano – e mais o modo como os seres humanos cuidam ou não cuidam de suas questões e causas coletivas. [247]

Na perspectiva da pós-modernidade líquida, do capitalismo líquido e do direito do trabalho líquido, a escolha racional na era da instantaneidade significa buscar a gratificação evitando as consequências e, especialmente, as responsabilidades que essas consequências podem implicar.

Na perspectiva da pós-modernidade líquida, do capitalismo líquido e do direito do trabalho líquido, traços duráveis da gratificação hoje hipotecam as chances da gratificação de amanhã.

Na perspectiva da pós-modernidade líquida, do capitalismo líquido e do direito do trabalho líquido, a duração deixa de ser um recurso para se tornar um risco.

Contudo, é difícil conceber uma cultura e uma sociedade sadia indiferente à eternidade e que evita a durabilidade. [248]

Também é difícil conceber a moralidade indiferente às consequências das ações humanas e que evita a responsabilidade pelos efeitos que essas ações podem ter sobre os outros. [249]

O advento da instantaneidade derivada da pós-modernidade líquida, do capitalismo líquido e do direito do trabalho líquido conduz a cultura e a ética humana a um território não mapeado e inexplorado, onde a maioria dos hábitos aprendidos para lidar com os afazeres da vida perdeu sua utilidade e sentido. [250]

Na famosa frase de Guy Debord "os homens se parecem mais com seus tempos que com seus pais". E os homens e mulheres do presente se distinguem de seus pais vivendo um presente" que quer esquecer o passado e não parece acreditar no futuro´. [251]

---

(246) Bauman, p. 161/162.
(247) Bauman, p. 161/162.
(248) Bauman, p. 161/162.
(249) Bauman, p. 161/162.
(250) Bauman, p. 161/162.
(251) Bauman, p. 161/162.

Contudo, a memória do passado e a confiança no futuro foram, até hoje, os dois pilares em que se apoiavam as pontes culturais e morais entre a transitoriedade e a durabilidade, a mortalidade humana e a imortalidade das realizações humanas, e, igualmente, entre assumir a responsabilidade e viver o momento. [252]

Logo, os (verdadeiros) direitos trabalhistas compromissados são emancipatórios da sociedade em face do mercado, e, portanto, ponto central do sistema de tutela do ser humano na pós-modernidade líquida e no capitalismo líquido.

As verdadeiras normas trabalhistas compromissadas desempenham no ordenamento social, político e jurídico uma função de garantes do próprio Estado Democrático de Direito, enquanto talhadas para cumprir o compromisso no paradigma de pensamento da pós-modernidade, que poderá nos levar a uma vida decente, de tratar o contrato de trabalho como relação entre sujeitos e não tendo uma coisa como seu objeto, ou seja, sobre uma base social-ética.

---

[252] Bauman, p. 162/163.

# REFERÊNCIAS BIBLIOGRÁFICAS

BAUMAN, Zygmunt. *Modernidade Líquida*. Rio de Janeiro: Zahar, 2001.

BEINSTEIN, Jorge. *Capitalismo Senil:* A grande crise da economia global. Rio de Janeiro: Record, 2001.

BOBBIO, Noberto. *O futuro da democracia*. São Paulo: Paz e Terra, 2000.

CANOTILHO, J. J. Gomes. *Direito constitucional*. Coimbra: Almedina, 1991.

CASTELLS, Manuel. *O poder da identidade*. São Paulo: Paz e Terra, 2000.

CASTELLS, Manuel. *A sociedade em rede*. São Paulo: Paz e Terra, 2000.

CASTELO, Jorge Pinheiro. *Direito Material e Processual do Trabalho e a Pós-Modernidade*: A CLT, o CDC e as repercussões do novo Código Civil". São Paulo: LTr, 2003.

COMPARATO, Fábio Konder. *A afirmação histórica dos direitos humanos*. São Paulo: Saraiva, 2001.

DUPAS, Gilberto. *Economia Global e Exclusão Social*: pobreza, empregado, Estado e o futuro do capitalismo. São Paulo: Paz e Terra, 2000.

HESPANHA, Antônio M. *Panorrama Histórico da Cultura Jurídica Europeia*. Lisboa: Publicações Europa-América, 1997.

HOBSBAWM, Eric. *A Era dos Impérios*, 1875-1914, São Paulo: Paz e Terra, 2000.

ICHINO, Pietro. *Il Contrato di Lavoro, in Trattato di Diritto Civile e Commerciale*. Milano: Giufrè, 2000.

JAMIL, George Leal. *Repensando a TI na Empresa Moderna*. Rio de Janeiro: Axcel Books do Brasil, 2001.

KURZ, Robert. *O colapso da modernização:* da derrocada do socialismo de caserna à crise mundial. São Paulo: Paz e Terra, 1996.

MAGANO, Octavio Bueno. *Manual de Direito do Trabalho*, Parte Geral. 2. ed. São Paulo: LTr, 1980.

RADBRUCH, Gustav. *Introdução à Ciência do Direito*. São Paulo: Martins Fontes, 1999.

SANTOS, Boaventura de Souza. *A Crítica da Razão Indolente contra o Desperdício da experiência*. São Paulo: Cortez, 2000.

_____. *O novo milênio político*. Folha de S. Paulo, São Paulo: 10 abr. 2001.

SANTOS, Milton. *Por uma outra globalização:* do pensamento único à consciência universal. Rio de Janeiro: Record, 2000.

SAVATER, Fernando. *Ética para meu filho*. São Paulo: Martins Fontes, 2000.

SENNETT, Richard. *A corrosão do caráter:* as consequências pessoais do trabalho no novo capitalismo. Rio de Janeiro: Record, 2001.

_____. *A cultura do novo Capitalismo*. Rio de Janeiro: Record, 2006.

THUROW, Lester C. *O futuro do capitalismo*. Rio de Janeiro: Rocco, 1997.

WEBER, Max. *A Ética Protestante e o Espírito do Capitalismo*. 2. ed. São Paulo: Pionera, 2001.

Produção Gráfica e Editoração Eletrônica: PIETRA DIAGRAMAÇÃO
Projeto de capa: FABIO GIGLIO
Impressão: GRÁFICA PAYM

LOJA VIRTUAL

www.ltr.com.br

E-BOOKS

www.ltr.com.br